모든 존재는 행복할 권리가 있다

Every Being has the Rights to Happiness

미 소 의 편 지 들

강남순 철학 에세이

모 든 존 재 는

행 복 할

Every Being has
the Rights to Happiness

권 리 가 있 다

행성B

행복과 "행복":
미소의 편지를 보내며

인간만이 언젠가 다가올 자신의 죽음을 인지한다. 죽음을 인지한다는 것은 이 삶이 영원하지 않다는 것, 그 유한성의 두려움을 넘어서는 그 무엇이 필요하다는 것을 인식하게 한다.

철학과 종교는 죽음성을 품고 살아가는 인간이 보다 의미로운 삶, 보다 행복한 삶을 모색하고 추구하는 하나의 방식이다. 기독교와 같은 종교는 인간이 지닌 죽음에의 두려움을 '신으로부터의 구원'으로, 철학은 '신'의 존재 여부와 상관없이 각기 다른 방식의 '구원'으로 극복하려 했다. 그래서 프랑스 철학자 뤼크 페리에게 종교는 '신과 함께하는 구원(salvation with God)'에 관한 것이며, 철학은 '신 없는 구원(salvation without God)'에 관한 것이다. 결국 종교와 철학의 등장은 유한성을 지닌 인간이 죽음의 두려움을 넘어, 보다 의미롭고 행복한 삶을 추구하려는 존재임을 보여주는 의미를 지닌다.

그렇다면 무엇이 나의 삶을 의미롭게 만들고, 행복을 경험하게 하는가. 이 물음은 어쩌면 우리가 죽음에 이르기까지 묻고, 그 잠정적 답을 일구기 위해 씨름해야 할 것이기도 하다. 모든 사람에게, 모든 정황에 맞는 '절대적 답'이란 불가능하기 때문이다. 또한 무엇이 행복한 삶의 조건인가 같은 관습적 이해로서의 행복은 나의 관심사가 아니다.

일반적으로 사람들은 안정된 직업과 수입, 그리고 본인과 가족의 건강, 성공 등 가시적 조건들이 행복의 구성요소라 생각한다. 하지만 철학이나 종교를 통한 인간의 행복 추구는 이러한 '가시적 행복'이 아니다. 나는 이러한 상투화된 의미의 행복을 '인용부호가 없는 행복'이라 부른다. 물론 이러한 외적 조건은 행복의 필요조건 한 부분으로 중요하다. 그러나 이 모든 조건이 충족된다고 해서 깊은 내면의 자신에게, 그리고 나와 이 삶의 여정을 함께 걷는 이들에게 미소가 되는 그 행복감이 생겨나는 것은 아니다. 내가 나 자신을 보는 시선, 누군가를 마주했을 때 존재의 깊이에서 품는 반가움과 인정, 그리고 환영의 '미소(smile)'—그 미소가 설사 '순간의 경험'이라 해도—, 이런 경험들은 한 사람의 삶에서 소중하고 다양한 결을 이루고 있다.

췌장암 투병을 하던 자크 데리다는 죽음이 다가오는 것을 느끼면서 자신의 장례식에서 읽을 조사를 스스로 작성한다. 그 조사에서 자신의 삶을 매듭짓는 단어로 고른 것은 바로 '미소'였다. 데리다의 조사를 처음 마주하면서부터 나는 '미소'의 심오한 의미를 조금씩 배우기 시작했다. 미소란 나의 온 존재가 나를, 그리고 너를 통째로 받아들인다는 은유다. 그 미소는 서로의 존재를 있는 그대로 끌어안으며, 열정과 용기를 가지고 이 험난한 삶의 여정을 함께 걷고자 결단한 이들이 나누는 진정한 사랑, 진정한 관계, 진정한 우정을 상징하는 은유다. 이 책의 부제를 "미소의 편지들"이라고 한 이유다.

나의 존재가 '나'를 향해, 그리고 유일무이한 개별적 존재인 '너'를 향해 미소 지을 수 있도록 삶의 구성요소들을 가꿔야 한다. 관계의 정원을 일구는 용기가 발휘된 행복, 그러한 행복을 나는 인용부호 속에 넣은 "행복"이라 부른다. 물론 이 모든 범주화는 잠정적인 것이다. 자크 데리다는 이 세상에 두 종류의 개념, 즉 인용부호가 없는 개념과 인용부호 속의 개념이 있다고 한다. 인용부호가 없는 개념은 매우 '자연적인 것'으로 사람들이 생각하는 상투적인 이해다. 반면, 인용부호 속 개념은 그 개념의 의미를 확장하고 심오하게 만들면서 상투적 이해가 지닌 한계를 넘어 재개념화된, 새로운 의미가 부여되는 개념이다.

행복과 "행복", 이 두 축을 생각하면서 어떻게 나만의 고유한 "행복"을 가꾸고 만들어 가야 하는가. 행복을 일굴 의지와 용기를 어떻게 매일 품고 살아갈 수 있는가. 이는 모든 살아있는 존재가 과제로 받아들여야 한다.

이 지구 위에 거하는 존재로서 인간의 내면 세계에는 외부세계처럼 봄, 여름, 가을, 겨울 이렇게 사계절이 있다. 찬란한 생명들이 움트는, 삶의 축제 같은 봄이 있다. 또 습기와 무더위처럼 일상을 불편하게 만드는 사건들이 끊이지 않는 여름이 있다. 가을은 이 삶을 관조하면서 문제들 한가운데서도 그 문제들과 적절한 거리를 유지하며 사유의 세계에서 살아감의 의미를 갈망하고, 만들어 간다. 그런가 하면 모든 것이 얼어붙고 찬란한 생명의 생기가 사라진 것 같이 삶의 활기와 열정이 정지되는 겨울이 있다.

그런데 내면의 계절은 자연 세계의 절기처럼 우리의 의지와 상관없이 자동적으로 바뀌거나 찾아오지 않는다. 그렇다면 어떻게 해야 하는가. 아침에 눈을 뜨면 우리는 각자 자신에게 물어야 한다.

오늘 이 순간, 나는 어떤 계절을 선택할 것인가.

모든 존재는 행복할 권리가 있다

행복감과 생명이 움트는 찬란한 봄을 택하든지, 습기와 더위가 괴롭히는 여름을 택하든지, 관조와 성찰의 가을을 택하든지, 황량한 추위가 존재를 감싸는 겨울의 삶을 택하든지 해야 한다. 물론 사계절 사이에 고정된 경계를 그을 수 없고, 각 계절에 대하여 느끼는 것은 우리 각자가 다르다. 계절에 대한 느낌과 해석도 모두 자신만의 독특한 시선과 갈망으로 구성되는 것이다. 동시적으로 두세 개의 계절을 살아낼 수도 있고, 하루 24시간 동안 이 사계절의 감정과 경험 사이를 오가기도 한다. 당신은 어떠한 삶을 살고 싶은가.

지구 위에 모든 존재는 이 사계절을 품고서, 행복하게 살아야만 한다. 지구 위 존재라는 이유 하나만으로 우리 모두는 '행복할 권리'를 부여받았다. 그렇지 않다면 왜 살아야 하는가. '어떻게' 행복을 가꾸어 가며, 무엇이 나를 행복한 삶이라고 경험하게 만드는가는 우리가 죽음에 이르기까지 연습하고, 성찰하고, 가꾸어야 할 일이다.

인간의 조건은 두 가지이다. 나 자신과 함께 살아가는 것, 그리고 너와 함께 살아가는 것. 모든 존재는 나와 함께하는 '고독 (solitude)'의 공간, 그리고 너와 함께하는 '함께(togetherness)'의 시공간 사이를 오간다. 이것이 유한성의 삶을 살아가는 나와 너의 삶의 조건이다.

이 두 조건은 삶의 의미와 행복을 추구하는 이들에게 가장 근원적인 출발점이 된다. 내가 나로부터 소외되는 외로움(loneliness)이나 고립(isolation)이 아니라, 내가 나와 함께하는 고독(solitude)의 시공간을 확보하고 가꿀 때, 비로소 나는 너와 함께하는 삶의 의미와 행복을 가꿀 수 있다. 이 두 조건, 즉 '나 자신과 함께함', 그리고 '너와 함께함'은 인간으로 살아가면서 우리가 경험하고 지켜내야 할 '행복'의 각기 다른 필요조건이다. 그 두 축 사이를 오가며, 아름다운 '존재의 춤'을 추는 연습을 부단히 해야 한다. 그럴 때 우리는 비록 순간의 경험일지라도 이렇게 선언할 수 있다.

"모든 존재는 행복할 권리가 있다."

이 책은 다양한 삶의 귀퉁이에서 내가 보는 세계, 내가 만난 이들, 내가 갈망하는 삶에 대하여 담담히 기록한 것이다. 하지만 한 권의 책은 저자가 규정한 방식으로 읽히는 것이 아니다. '저자'로서 나는 이 책이 나의 예상을 넘어 새로운 방향으로 해석되고, 사용될 때 책 쓰는 보람을 느낀다.

미셸 푸코는 자신의 책들이 '작은 연장 상자들(little toolboxes)'과 같다고 했다. 나 역시 나의 글을 담고 있는 책이 다양한 방식으로 사용되길 바란다. 독자들이 자신의 세계를 확장하는 '연장들'이 되길 바라는 것이다. 나의 글들이 담아내는 하나의 개념,

구절, 또는 문장들이 각기 다른 정황에서 행복과 의미를 가꾸는 데 작은 도움이라도 되길, 하나의 '삶의 연장'이 되길 소망한다. 한 권의 책은 이 세상에 모습을 드러내자마자 '저자의 의도'와는 상관없이 독자와 새로운 세계를 열어가는데 이 책도 다양한 세계를 일구길 바란다.

이 책에 담긴 글들은 내가 미소로 쓴 편지이기도 하다.

대체 불가능한 '너',
고유명사로서의 '너,'
나의 동료-인간으로서의 '너,'

이 책에 담긴 글들은 바로 그 '너'들의 이름을 부르는 호명 행위이며, 행복과 의미로운 삶으로의 초대장이다. ○

2

관계의 정원을 가꾸는 연습

3

동료-인간과 함께 살아가는 연습

나 자신의

행복을

일구는 연습

삶의 축제,
누구나 행복할 권리가 있다

프랑스 철학자 뤼크 페리Luc Ferry
는 인류 사상사에 철학과 종교가 등장한 이유를 인간이 지닌 "행복에의 추구" 때문이라고 규정한다. 자신이 언젠가 죽을 것이라는 의식, 즉 유한성을 인식하는 우리 모두는 이 삶에서 죽음을 뛰어넘는 의미와 행복을 추구하려 한다. 그런데 무엇이 '행복한 것인가' 는 각자의 인생관과 가치관에 따라 천차만별이다. 행복의 기준과 조건이 무엇인가는 결국 그 사람이 누구인가, 라는 정체성과 직결된다. 육체만이 아니라 정신을 지닌 인간에게 '행복함'이란 물질적인 것만도 정신적인 것만도 아니다. 우리의 몸, 마음, 정신 등 한 사람의 존재 전체가 개입되는 것이기 때문이다.

나는 '행복'이라는 개념에 내면적 거부감을 가지고 있었다.

이 척박한 현실 세계에서 '행복'은 지나치게 추상적이고 비현실적이며, 사치스럽기까지 한 공허한 개념이라는 생각에서다. 그러나 최근 몇 년 동안 왜곡되어 통용되는 개념들을 외면할 게 아니라 재개념화하는 것의 중요성을 보았다. 그러면서 왜곡된 개념들을 끄집어내 다시 의미를 만들어 가야 한다고 생각하게 되었다. 모든 개념 역시 우리가 유산으로 물려받은 것들이며, 그 유산은 '주어진 것(given)'이 아니라 '과제(task)'라는 자크 데리다Jacques Derrida의 '전통에 대한 책임성' 강조가 나를 움직였다. 〈사랑: 철학적-종교적 조명〉이라는 이름으로 대학원에서 정기적으로 세미나를 열기 시작했고, 철학사에서 많은 이가 성찰해 온 '행복'의 의미를 재조명하기 시작했다.

특별한 경우를 제외하고 나는 대부분의 하루를 대학 체육관에서 시작한다. 체육관에서 일주일에 한두 번은 늘 반갑게 마주치는 사람이 있다. 그는 나에 대해서 전혀 모른다. 그렇지만 나는 그가 체육관에서 모습을 보일 때마다 멀리서 미소 짓곤 한다. 그는 소위 신체적·정신적 어려움이 있는 학생으로 늘 두 명의 다른 학생과 함께 온다. 그 두 학생이 친구로서 자원해 오는 것인지, 아니면 학교에서 만든 지원 시스템을 통해 아르바이트로 오는 것인지는 모르겠다. 그런데 세 사람이 너무나 친해서 오랜 친구들처럼 보인다.

그들은 200m 러닝 트랙에서 먼저 걸으면서 워밍업을 한다. 두 친구는 어려움이 있는 K(그를 K라고 하자)의 양옆에 서서, K의 속도에 따라 즐겁게 이야기하면서 걷는다. 어쩌다가 k가 혼자 뛰어가면 뒤에서 "멋지게 잘한다(good job!)"라고 응원하며 엄지척을 보인다. 그러면 K는 뒤돌아보며 환하게 웃는다. 200m의 트랙을 서너 바퀴 정도 돌면서 K는 체육관에 울려 퍼지는 흥겨운 음악에 맞춰 가끔 춤을 추기도 한다. 그러면 두 친구도 함께 몸을 흔들면서 축제를 즐기듯 흥겹게 걷는다(트랙에서 자신이 좋아하는 음악이 나오면 춤을 추면서 걷는 학생들이 종종 있다. 내가 뒤에서 보면서 즐기는 모습이기도 하다).

트랙에서 워밍업이 끝나면 그들은 웨이트 룸으로 내려가 기구 운동을 한다. 두 친구는 K 곁에서 흥겹게 농담을 주고받으면서, K가 기구들을 아무런 어려움 없이 사용하도록 보이지 않게 돕고 격려한다. 나는 가까이에서 또는 멀리에서 K의 웃고 즐기는 모습을 바라보곤 한다. 내가 일하는 대학에서는 한국식의 '장애인(handicapped 또는 disabled)'이라는 단어보다 '육체적으로 어려움을 지닌 사람(physically-challenged)'이라는 표현을 되도록 사용한다. 그리고 신체적 어려움이 아무런 걸림돌이 되지 않도록 학교의 적극적인 지지 시스템이 갖춰져 있다. 이런 시스템이 K가 외면적 한계를 넘어 '나는 나다'의 철학을 힘껏 펼치고 곳곳에서 자기 삶의 축제를 만드는 일을 가능케 하는 것이다.

K가 트랙에서 흥겹게 춤추는 모습, 그의 친구들도 함께 춤추는 모습을 보면서 '행복함'의 몸짓과 일상이 바로 저런 장면이라는 생각을 한다. 외부에서 만들어 놓은 '행복의 기준'이란 종종 아무런 의미가 없다. 외부 세계가 아니라 내면 세계에서 행복의 기준을 만들고, 주어진 삶에서 최대한 그 행복의 의미를 확장하는 것, 그렇게 삶의 축제를 만들어 가는 것, 내가 K에게서 배우게 된 것들이다.

'행복한 사람'을 판가름하는 나만의 지극히 주관적인 기준이 있다. '지극히 주관적'이라는 것은 많은 이가 동의하지 않을 수도 있다는 의미다.

생물학적 나이와 상관없이 그의 얼굴에 지순하고 환한 웃음을 짓는 순간들을 일상 세계에서 가지는가. 자신의 몸과 정신과 마음의 세계를 그대로 드러내고 받아들이는 타인과의 관계를 지니고 있는가. 외부 세계가 뭐라고 하든지 '나는 나다(I am who I am)'의 철학으로 자신의 삶을 꾸려가고 있는가. 복합적 의미의 '아름다움(the sublime)'에 대한 갈망과 열정을 품고, 그 갈망을 구체적인 현실 세계에서 용기와 결단력을 가지고 추구하고 있는가.

철학과 종교의 등장을 인간이 자신의 죽음성(mortality)의 두

모든 존재는 행복할 권리가 있다

려움을 넘어서는 '행복의 추구'에서 나온다고 본 뤼크 페리의 말은 시사하는 바가 크다. 사랑이든 행복이든 그것이 '집단'과 연결된다고 생각하는 것은 언제나 위험하다. 역사에서 다양한 얼굴을 지닌 전체주의의 등장은 개인의 사랑과 행복을 '집단(국가, 민족, 종교, 친족 등)'과 연계했을 때다. 사랑과 행복은 언제나 '나'로부터 시작해서, 그 '나'와 연결된 '개인(singular individual)'과의 관계를 통해 실현될 뿐이다. 한나 아렌트Hannah Arendt가 자신은 '집단을 사랑'한 적 없으며, 자신이 믿는 유일한 종류의 사랑은 '개인을 향한 사랑'뿐이라고 한 이유다. 행복의 추구도 마찬가지다. 도처에 있는 "K들"(육체적·정신적 어려움이 있는 이, 성소수자, 난민 등 사회 주변부에 있는 이), 그리고 이 세계 유일한 존재로서의 '나'가 행복을 추구하고자 하는 것은 인간으로서의 권리다.

그 어떤 구조에 의해서도 개인의 행복 추구가 저지되거나 왜곡되어서는 안 된다. 정치·경제·문화·예술·교육·종교 등 우리 현실에 깊숙이 자리 잡고 있는 이 모든 것이 '나·너의 행복'을 가로막는다면, 그 행복의 기준과 조건을 왜곡시켜 설정한다면, 우리는 그것에 저항해야 한다. 또 '나·너의 행복'의 조건을 주체적으로 만들고 가꾸는 것을 지속적으로 추구해야 하리라.

오늘은 내가 사는 텍사스에 눈이 잔뜩 내렸다. 텍사스에서 이렇게 눈을 본다는 것은 매우 이례적인 일이다. 오후 5시까지 대학은 문을 닫고, 학교 체육관과 카페테리아만 연다. 눈길이어서 체육관에 가지 않았지만, K의 모습을 생각하면서 나만의 작은 축제의 시간을 가진다. 내 집을 '수도원'이라고 부르는 친구가 선물해 준 〈클리블랜드 사중주단(Cleveland Quartet)〉이 연주하는 베토벤의 현악을 들으며 하루 문을 연다. 벽난로 앞 소파에 앉아 뒤뜰에 쌓인 눈을 바라보며 음악을 틀어 놓고 커피를 마시는 것, 오늘 아침의 축제로 충분하다.

자신에게 부여되는 온갖 사회적 시선이나 조건에 아랑곳하지 않고 '나는 나다'의 철학을 몸으로 체현하며 자신만의 축제를 만들어 가는 K를 생각하면서, 눈 오는 텍사스의 아침에 나만의 축제를 만들고 있다. 아무런 문제가 없기 때문이 아니라, '문제들에도 불구하고' 나·너의 행복을 추구하는 것, 그것은 우리의 권리다. '나'와 '너'는 생존의 추구, 그 동물성에만 갇혀 사는 존재가 아니라, 그것을 넘어 삶의 의미와 행복을 추구하는 인간이기에. ◦

모든 존재는 행복할 권리가 있다

살아있음의 예식, 쓰기

이 우주에 살아있는 생명체 중, 유일하게 인간만이 '언어'를 만들었다. 2023년 통계에 보면 이 세계에는 약 7,100개의 언어가 있다. 이 중 3,000~4,000개의 언어가 표준화된 체계를 가진 문자 언어로 사용되고 있다. 인간은 그 언어로 말을 하고, 글을 쓰는 유일한 종이다. 하이데거가 "언어는 존재의 집(Language is the house of being)"이라고 한 이유다. 언어는 인간이 자신은 물론 타자와 세계를 이해하는 가장 근원적인 통로다. 동물이나 식물이 아닌, 인간으로 존재한다는 것은 언어를 사용하는 것이다. 이런 의미에서 말하기와 쓰기는 '나 됨(selfhood)'을 가꾸고 구성하는 중요한 자리가 된다. 그렇다면 '쓰기'란 무엇인가.

나는 나의 학생들이나 나와 함께 공부하는 모임에서 늘 '쓰기'에 대해 강조한다. 하루에 한 번, 또는 며칠에 한 번이라도 최소한 '한 문장 쓰기'를 하게 한다.

이것은 내가 나에게도 부여한 과제다. 새로운 달이 되면, 컴퓨터에 있는 나의 '쓰기' 파일에 그달의 날짜를 쓰고 매 날에 번호를 붙임으로써, '한 달의 쓰기'를 준비한다. 어느 날은 길게 쓰기도 하고, 다른 날은 한두 문장의 글을 남기기도 한다. 물론 긴 글을 쓸 필요도, 누구나 출판할 필요가 있는 것도 아니다. 그런데 왜 우리의 일상적 삶에서 쓰기는 중요한가.

"책을 쓴다는 것은 자살을 연기하는 것"이라고 말한 철학자가 있다. '20세기의 니체'라고 간주되는 에밀 시오랑Emil Cioran이다. 시오랑에게 쓰기란 "삶과 죽음의 문제"다. 시오랑의 글은 갖가지 은유적 표현들로 가득하다. 그렇기에 '문자적 해석'만을 적용해서 그의 표현을 이해하고자 하면, 지독한 오역에 빠지게 된다. 그런데 왜 시오랑은 '쓰기'에 이토록 심각한 무게를 부여하는가.

인간은 태어난 순간부터 죽음을 향한 존재다. 그 누구도 예외 없이 우리 각각의 삶은 기쁨과 즐거움만이 아니라, 좌절과 고통 그리고 절망이 끝없이 지속되는 여정이다. 이 지점에 쓰기 행위의 중요성이 들어선다.

우리를 이루는 것은 '외부 세계(external world)'와 '내부 세계(internal world)'다. 많은 경우 외부 세계는 통제 너머에 있다. 반면

모든 존재는 행복할 권리가 있다

내부 세계는 자신이 온전히 주체적으로 가꾸고 구성할 수 있는 세계다. 쓰기는 우선적으로 내가 나에 대하여 관심을 가지는 행위다. 자기 삶에 대한 무관심이나 방치가 아니라, 개입하고 행동하는 행위라는 것이다. 쓰기를 통해 나는 나의 내면 세계를 들여다보면서 나와 대화하고, 내 속에 내재된 즐거움, 기쁨, 의미로움의 경험만이 아니라 두려움, 절망감과 좌절감, 그리고 우울감을 재해석하고 재조명함으로써 어두움의 늪에서 벗어나고자 하는 중요한 행위의 의미를 지닌다.

시오랑은 소위 '성공'보다 '실패'에 더 많은 관심을 가진다. 그는 "루마니아에 있는 나의 가장 최고의 친구는 작가들이 아니라, 실패들이다"라고 한다. 개인만이 실패하는 것이 아니라, 사회·국가들도 실패한다. 이러한 '실패들'은 우리의 일상 세계 모든 것에 스며들고 있다. 그런데 위대한 사상은 다양한 얼굴의 '실패들'로부터 영감을 받을 수 있으며 책, 철학, 제도, 정치 체계 역시 소위 '실패'에 영향을 받을 수 있다. 인간의 현실 자체도 어찌 보면 또 다른 '실패한 프로젝트'다. 소위 '성공'은 큰 자취를 남기지 않지만, '실패'는 자기 삶에 지속적으로 자국을 남긴다.

자기 삶의 '실패'를 어떻게 할 것인가. 스스로 규정하는 것이든 외부 세계가 규정한 것이든, 그 실패가 내 삶에 어떻게 기능할 것인가는 자신에게 달려있다. 그 '실패'가 자기 삶을 파괴하게 할 수도 있고, 그 '실패'가 새로운 변화의 변곡점이 될 수도 있다. 시오랑이 글쓰기가 "삶과 죽음에 관한 문제"라고 한 것은 물론 생물학적 '죽음'만은 아니다. 인간을 인간으로 만드는 '내면 세계의 죽음과 삶'에 관한 것이기도 하다. 생물학적 생존은 동물이든 인간이든 모두 한다. 그러나 인간이 동물성을 넘어서 인간성을 확보하고 지속하게 하는 것은 내면 세계 속에서 자신과 만나고, 개입하고, 성찰하는 그 지점이다.

　쓰기 행위는 무엇보다도 자기 삶에 대한 방치와 무관심에서 벗어나고자 하는 '존재론적 몸짓'이다. '한 번에 한 문장 쓰기'를 하면서 나를 돌아보고, 나의 익숙한 결만이 아니라 새로운 결들과 만나고, 또한 새로움을 창출할 수도 있다는 점에서 우리의 존재론적 "삶과 죽음의 문제"다. 자신만 볼 수 있는 '자기만의 세계'는 내면적 대화의 한 방식인 쓰기 행위에서 시작되기도 한다. 이런 의미에서 쓰기는 자신을 방치하지 않는 '자기 사랑'의 중요한 하나의 방식이다. 굳이 SNS라는 공적 공간일 필요도 없다. 일상의 일기가 쓰기 행위를 통해 중요한 변혁이 일어나는 공간으로 자리 잡기도 한다.

　새로운 쓰기 여정에 발을 들여놓는 행위는 오늘, 살아있음의 중요한 의미를 부여하는 몸짓이기도 하다. '한 번에 한 문장 쓰기'로 나에게 주어진 유일무이한 '하루'를 시작하거나 마무리 지으면 어떨까. 그 행위를 '매일의 예식'으로 하면 어떨까. ◦

그의 이름은 '가아스'

내가 사는 집 뒤에는 강이 흐른다. 아침마다 나는 종종 강가를 산책하곤 하는데 어느 때부터인가 한 사람이 자주 내 눈에 띄기 시작했다. 30대 전후로 보이는 젊은 청년이었다. 내가 학교에서 늘 만나는 학생들을 생각나게 하는 나이어서 마음이 쓰였다. 가방이 없어서 여러 개의 플라스틱 봉지들에 '살림살이'를 넣어 들고 다니며 강가의 벤치에 앉아 있기도 하고 비를 피할 수 있는 다리 밑 난간에서 잠을 자기도 했다. 그래도 날씨가 따뜻한 계절에는 그 노숙인을 보아도 큰 염려가 되지 않았었다. 그런데 점점 추워지는 늦가을로 접어들면서 다리 난간에서 자는 그가 마음에 걸렸다.

내가 해 뜰 무렵 나가서 걷기 시작하면 돌아오기까지 한 시간이 넘게 걸리는데 내가 갈 때나 돌아올 때나 그는 거의 동일한 자세로 웅크리고 자고 있었다. 온도가 별안간 섭씨 5도 정도로 내려간 어느 날, 나는 그가 혹시 너무 추워서 잘못된 것은 아닌가 염려되어 한참을 서서 지켜보았다. 그가 움직이지 않기에 마침 근처에 있던 경찰을 불러서 그가 괜찮은지 살펴봐 달라고 요청한 적도 있었다.

도시만 해도 노숙인 쉼터가 무수히 많은데, 그는 왜 이 난간에서 슬리핑백도 없이 자고 있을까. 나는 그게 늘 궁금하고 걱정도 되었다. 아침에 개를 산책시키느라 강가에서 만나곤 하는 나의 이웃은, 내게 그 노숙인을 조심하라며 산책길을 반대 방향으로 하는 것이 좋겠다는 제안까지 한다. 저런 노숙인은 많은 경우 마약을 하므로, 언제 어떤 짓을 할지 모른다는 것이다.

늦가을에서 초겨울로 들어설 때 아침 산책을 끝내고 집에 돌아오면 따뜻하고 포근하다. 온기를 느끼며 나는 커피를 내리고 아침 식사 준비를 한다. 그럴 때마다 내 집 바로 가까이에서 웅크리고 자는 그 노숙인이 마음에 걸렸다. 거대한 사회정의 담론과 상관없이 그 사람에게 담요 한 장, 또는 따끈한 커피와 빵을 나누는 게 뭐가 그리 어려운 일일까.

어느 토요일, 이 생각에 이르자 나는 앞뒤 생각하고 분석하지 말고 '그냥 하자'고 나 자신에게 일렀다. 산책길에 가볍고 따뜻

모든 존재는 행복할 권리가 있다

한 담요 한 장을 바퀴가 달린 가방에 넣어 나갔다.

"굿모닝, 미스터!"

다리 난간 밑에서 두어 번 그를 부르자, 그가 고개를 돌려 나를 바라보며 일어난다. 나는 경사진 난간으로 올라가 그에게 작은 가방과 그 속의 담요를 건넸다.

"당신에게 필요할 것 같아서 가방과 담요를 가지고 왔어요. 이 담요가 매우 따뜻해요. 그렇지만 혹시 불필요하면 내가 다시 가져가도 됩니다."

"정말 고맙습니다."

그는 웃으며 일어났고 얼른 담요와 가방을 받았다. 그날 나는 그의 얼굴을 정식으로 처음 보았고, 그의 목소리를 처음으로 들었다. 나는 제안했다.

"잠시 후에 커피와 빵을 가져올 테니 저쪽 피크닉 테이블에서 아침 식사를 하겠어요?"

그는 환하게 웃으며 '참 좋다, 고맙다'는 말을 계속했다. 그에게 가방과 담요를 건네고 나는 산책을 시작했다. 되돌아오며 보니, 그는 보랏빛 담요를 덮고 더는 몸을 움츠리지 않은 채 편안하게 누워 있었다. 내 마음에 작은 미소가 번졌다.

집에 돌아와 커피를 내리고, 빵을 토스터에 굽고, 달걀 프라이를 2개 하고, 사과 1개를 씻어서 약속한 피크닉 테이블로 갔다. 그 노숙인은 앉아서 나를 기다리고 있었다. 나는 가져온 것들을 테이블에 펼쳐 놓고서 아침 식사를 하자고 했다. 나는 커피를 마시고 그는 빵과 과일을 먹으며, 텀블러의 커피도 즐기면서 마치 이미 알고 있던 사이처럼 매우 자연스럽게 이야기를 나누기 시작했다.

그의 나이는 23세, 이름은 가아스Garth, 그리고 자신을 '팝뮤직 아티스트'라고 소개했다. 지난 4월부터 노숙인이 되었다고 한다. 왜 홈리스 보호소에 가지 않는지 물었더니, 그런 곳에서 여러 가지 나쁜 경험을 많이 했다고 한다. 그래서 가능하면 사람들에게서 떨어져서 자는 것이 훨씬 마음이 편하단다. 매일 캠핑하는 기분으로 잔다며 웃는다.

그는 피자 레스토랑에서 오후 5시부터 밤까지 일한다고 했다. 또 두 명의 형과 한 명의 누이가 있는데 텍사스가 아닌 다른 주에 살고 있다고 했다. 자기의 친한 친구가 한 달 후에 방을 하나 얻으면 함께 지낼 수 있다면서, 날씨가 더 추워지기 전에 다리 밑 캠핑 생활을 끝낼 수 있을 것이라고 한다.

내가 이런저런 질문을 하자, 그는 참으로 많은 이야기를 한다. 마약은 하지 않으며, 자신은 모든 사람은 서로 형제자매이거나 친족이라 생각한다고, 그것이 자신의 인간관과 세계관이라고 한참 이야기했다. 나는 그에게 그것이 바로 코즈모폴리터니즘 정신이라고 하면서, 내가 중요하게 생각하는 사상이라고 대화를 이어갔다. 그는 이러한 자신의 인생철학에 중요한 영향을 끼친 사람이 닐 디

그래스 타이슨Neil deGrasse Tyson이라는 천체물리학자라고 했다. 나는 그와의 대화를 메모한 후 집에 돌아와 천체물리학자 타이슨이 누구인지 찾아보기까지 했다.

이렇게 한 사람 한 사람은 저마다 참으로 다양한 삶의 이야기들을 품고 살아간다. 노숙인으로만 기억하던 그 사람의 얼굴을 다시 보고, 고유명사인 이름을 알게 되면서 그는 내게 더 이상 '노숙인'이라는 '이슈'가 아니다. 이 세상에 유일무이한 존재인, 고유한 얼굴을 지닌 '인간'으로 다가오는 것이다. 에마뉘엘 레비나스의 말, "인간의 '얼굴은 윤리적 자리'이며 얼굴에서 윤리가 시작한다"의 심오성을 구체적인 일상 세계에서 다시 상기하게 된 만남이었다. 각각의 인간 그 개별적 얼굴의 존엄성을 보지 않고 법과 정의를 외치는 사람들, 개별적 얼굴에 따스한 시선을 두지 못하는 자들이 내미는 정의와 평등을 나는 신뢰하지 못한다.

우리가 할 수 있는 일들은 지극히 제한되어 있고, 해야만 하는 일들의 책임성은 무한하다. 한국과 미국은 물론 세계 곳곳에서 벌어지고 있는 다층적 폭력과 권력남용에 의한 무수한 '개별적 얼굴들'의 파괴를 떠올리면, 한없는 무력감이 찾아오기도 한다. 이 거대한 폭력과 권력남용 속에서 한 개인들이 할 수 있는 일이란 도대체 무엇인가.

그러나 그때마다 나는 내 주변의 개별적 얼굴들을 떠올린다. 거대한 담론이 아니라, 바로 그 얼굴들이 나를 절망과 무력감의 자리에서 일어나 한 걸음 떼게 하는 에너지가 되곤 한다. 지금보다 조금이라도 폭력과 불의, 배제와 혐오에 관한 뉴스가 사라질 때를 위해 이렇게 다시 한 걸음을 내디뎌야 하는 것이다. '가아스'는 내가 자신과의 짧은 만남을 통해서 힘겨운 한 걸음을 다시 내딛는 에너지를 받았다는 것을 전혀 알지 못할 것이다.

가아스를 만난 다음 날 아침, 기온은 영하 1도로 떨어졌다. 걱정하는 마음으로 산책을 나가 보니, 그는 다리 밑에 없었다. 지금쯤 친구와 함께 따스한 방에서 기거하고 있을까.

그날 그는 내게 미소를 지으며 사진을 찍으라고 했다. 이다음에도 자신을 기억해 달라고. 그의 환한 미소가 담긴 사진은 내게 다음과 같은 메시지를 전해준다. "나의 이름은 '노숙인'이 아니다. 나는 이 세계에 유일무이한 존재로서 개별성을 지닌 고유명사의 '얼굴'을 지닌 '가아스'다." 그가 자신의 이름을 기억해 달라고 하는 것의 의미를 다시 생각해 본다. ◦

모든 존재는 행복할 권리가 있다

홈리스와 하우스리스의
경계에서

'하우스'와 '홈'의 차이는 무엇
일까. 나는 한국에 갈 때마다, 임시로 지낼 곳을 정하기 위해 인터
넷으로 이곳저곳을 찾곤 한다. 그러면서 '하우스리스(houseless)'와
'홈리스(homeless)'의 차이를 생각하게 된다. 텍사스에 있다가 한국
에 가면, 나는 '하우스리스'가 된다.

우리는 흔히 집 없이 사는 사람을 '홈리스'라고 한다. 그런
데 영어로 '홈(home)'과 '하우스(house)'의 개념이 동일한 것은 아
니다. 물론 많은 이가 '홈'과 '하우스'를 상호교환적 개념으로 사용
하기도 한다. 그러나 엄밀하게 보면 이 둘은 개념이 다르다. '하우
스'는 우편번호가 있는 장소(place)다. 그러나 '홈'은 우편번호가 아
닌, 살아내는 공간(lived place)이다. 내가 소외를 경험하지 않고, 있

는 그대로의 '나'가 포용되고 편안함을 느끼는 삶의 조건이 바로 '홈'이다.

영화 〈노매드랜드(Normadland)〉를 보면 주인공인 펀Fern에게 어떤 아이 사람이 "당신은 홈리스인가요?"하고 묻는다. 그러자 펀은 "나는 홈리스가 아니라 하우스리스예요. 그 둘은 달라요. 그렇지요?"라고 그 아이 사람에게 되묻는다.

'정주인(resident)'으로 안주하는 삶을 거부하고 자유를 '선택'한 펀에게, 우편번호로 고정된 '하우스'는 없다. 보다 충일하게 사는 방식으로 노마드적 삶을 선택한 펀은, 어디에 가든 내면 세계에 이미 '홈'을 품고 있다. 우편번호로 상징되는 거주지, '하우스'가 있다고 해서 모두 '홈'을 지니지는 않는다. 가족 또는 친지라는 이름으로 동일한 장소에 함께 거주한다고 해서, 그 '하우스'가 자동적으로 '홈'이 되는 것은 아니다. 서로의 존재를 온전히 수용하고, 인정하고, 존중하고, 대화와 교감을 만들어 가지 못한다면 그들은 '홈'을 나누는 것이 아니라, 거주 장소를 나누는 '공동 거주인'일 뿐이다.

그렇다면 '홈'이란 무엇인가. 사람마다 가치관과 인생관, 그리고 관계관에 따라 '홈'의 구성에 대한 이해는 다를 것이다. '홈'이란 '나'를 이루는 모든 것이 온전하게, 있는 그대로, 충일하게 존재할 수 있는 공간이다. 홀로든 누군가와 함께 살아가든, '홈'이란

모든 존재는 행복할 권리가 있다

나와 너의 존재가 온전히 인정되고 받아들여지며 진정한 대화와 교감, 평화와 안식이 존재하는 공간이다. 그렇기에 '하우스'가 있다 해도, 그 사람이 엄밀한 의미에서의 '홈'을 자동으로 소유하게 되는 것은 아니다. '하우스가 있는 홈리스(homeless with house)'가 될 수 있고, '홈이 있는 하우스리스(houseless with home)'가 될 수도 있다.

또한 '홈'은 내 존재 속에 품고 있는 세계이기도 하다. 이런 면에서 보자면, 우리 각자는 자신 속에 '홈'을 꾸리고, 아름답게 가꾸어야 하는 것이 매일의 의무인지도 모른다. 이 삶을 살아내기로 결심했다면, 그 누구도 파괴할 수 없는 '나만의 홈'을 만들어 가야 한다. 자기 열등감이나 자기 혐오로 '깨어진 자아(broken self)'를 갖게 되면 자신 속에 고유한 홈을 꾸리지 못하며, 결국 다른 존재와 함께 홈을 구성하고 가꾸는 것이 불가능하기 때문이다.

나의 존재가 온전히 받아들여지고, 인정되고, 포용되는 공간이 홈이라면 결국 '홈'은 나로부터 시작한다. 그래서 영어에 "홈이란 당신의 가슴이 깃드는 곳(home is where your heart is)"이라는 표현이 있다. '홈'을 '고향'이라고도 하는 이유다. 나로부터 시작하는 '홈'은 자동적으로, 누군가에 의해서, 또는 무엇인가에 의해 주어지지 않는다. 보이는 '하우스'와 달리, '홈'은 눈에 보이거나 만져지지 않는다. 그 '홈'은 자기 자신이 구성하고, 지속적으로 가꾸고,

다양한 색채로 아름답게 만들어 가야 한다는 점에서 나의 살아감의 소중한 '존재론적 프로젝트'인 것이다.

나는 한국을 방문할 때 '홈이 있는 하우스리스(houseless with a home)'로 살아가는 연습을 할 것이다. 결국 우리 모두는 이 지구 위에 잠시 머물다 떠나는 '노마드'이며 임시 거주자일 뿐 아니겠는가. 이러한 임시 거주자임을 상기하는 것은, 불필요한 집착과 욕망을 떨구어 내며 자신만의 '홈'을 가꾸어 가는 연습이기도 하다. ∘

삶의 정원 가꾸기

포스트모더니즘 세미나의 휴식 시간에 노트북과 스피커를 강의실에 가지고 가서 음악을 틀어주었다. 그리고 학생들에게 이 피아노곡을 작곡한 사람이 누구인지 추측해 보라고 했다. 포스트모더니즘 시간에 등장한 인물 중 한 명이라는 힌트만 주고 말이다. 예상대로 그 작곡가를 알아맞히는 학생은 아무도 없었다. 잠시의 침묵 후, 내가 가지고 갔던 CD의 케이스를 보여주자 "아…!" 하는 작은 탄성이 여러 군데에서 나왔다. 작곡가의 이름은 니체다.

니체가 피아노 음악을 작곡했다는 것을 아는 사람은 많지 않다. 나는 학생들과 니체를 주인공으로 하는 이러한 실험을 두어 번 했다. 하나는 피아노곡 작곡가로서의 니체를 알아보는 것이다.

또 다른 하나는 그가 쓴 〈미지의 신에게〉라는 시를 읽게 하고는 이 시의 저자가 유신론자인가 무신론자인가 투표하는 것이다. 세미나를 듣던 열두어 명의 대학원생 모두가 이 시의 저자가 유신론자일 거라고 손을 들었다.

내가 니체를 주인공으로 이런 실험을 하는 이유는 한 가지이다. 우리가 '안다'고 생각하는 사람·대상에 대하여 실제로 '알지 못한다'는 것을 경험하도록 하기 위함이다. 우리가 흔히 가지고 있는 누군가에 대한 생각은, 많은 경우 왜곡된 이해다.

사상가든 예술가든 내가 끌리는 사람들이 지닌 유사성이 있다. '고독의 공간'에서 살아간 이들이다. 그 어떤 정황에서도 내면 세계에서 고독의 공간을 지켜내 온 이들이다. 좀 더 구체적으로 말하자면, 그 고독의 공간을 절망과 낙담의 자리가 아닌 '창의성과 존재에의 용기의 자리'로 만들어 간 사람들이다.

유대인이라는 사실 하나로 11세에 학교에서 추방당하고
평생 아웃 사이더로 살아간 자크 데리다,
자신이 살던 독일에서 나치의 박해를 피해
파리로, 뉴욕으로 망명해 살던 유대인 한나 아렌트,
사람들이 자신의 사상을 이해할 거라는
기대조차 하지 않아서
"나는 '죽음 후를 산다(I live posthumously)'"고 했던 니체,

팔레스타인에서 태어나 뉴욕에서 교수로 가르치며
글과 말과 운동으로 차별의 저항을 멈추지 않고
한때 콘서트 피아니스트의 꿈을 가졌던 에드워드 사이드,
청력을 잃어가면서도 '지금 너머-세계에 대한 열정'을
지켜내고 승화시킨 베토벤,
처절하도록 고독하게 살던 반 고흐.

이렇게 '고독의 공간'을 용기 있게 지켜내고 열정적으로 가
꾼 사람들에게, 나는 끌린다.

우리 모두는 어쩌면 '고독(solitude)'과 '고립(isolation)'의 경
계에 늘 서 있는지도 모른다. 이 두 세계는 '홀로의 공간'이라는 점
에서 그 유사성이 있다. 그러나 그 공간에 서 있는 '나'가 개입하는
이 세계에서의 자리는 완전히 다르다. '고독의 공간'은 사유하기,
중심부와의 거리 두기, 반(反)관습적인 창의성이 꽃 피는 자리이며
무엇보다도 자신과 만나는 자리다.

반면 '고립의 공간'은 우선적으로 자기 자신으로부터 소외
되며, 이 세계로의 개입이나 그 안에서 자신의 자리를 스스로 삭제
하는 공간이다. 겉으로 사람들을 많이 만난다고 해서, 또는 SNS를
통해 늘 무엇인가에 연결되어 있다고 해서, '고립의 공간'을 벗어
나는 것은 아니다. 자기 자신을 들여다보고, 그 자신과 연결된 타자
와 세계를 생각하고, 자신의 내면 세계를 가꾸기 위한 다층적 작업

을 외면할 때, 아무리 사람을 많이 만난다고 해도 결국 '고립의 공간'에 갇혀 있게 된다.

자신과의 정원을 가꾸는 것, 타자와의 관계의 정원을 가꾸는 것은 '고독의 공간'을 용기 있게 지켜내고 대면하는 것을 필요로 한다. 아렌트는 비판적으로 사유한 고독의 자리에서만이 고독이 가능하다고 한다. 아렌트의 이 말은 고립의 시대에 우리에게 시사하는 바가 크다. 홀로의 공간인 고독의 시공간에 있지 못하는 사람은 타자와 진정으로 함께 있을 수 없다. 스마트폰은 끊임없이 알림을 보내며 SNS와 밀착되어 살라고 강요하고, 다양한 위기들이 우리에게 '불안'을 강요하는 이 시대에, 고립이 아닌 고독의 공간을 지켜내고 가꾸는 것이 절실하게 필요하다. ○

모든 존재는 행복할 권리가 있다

조약돌의 철학

　　　　　　　　　　　　한때 나는 다른 나라나 지역을 여행할 때면 작은 종(bell)을 기념으로 사곤 했었다. 무겁지 않고 소리도 좋았기 때문이다. 그런데 어느 날 기념품점에 대량으로 진열된 종들이 모두 똑같다는 사실을 돌연히 느끼게 되었다. 나는 그 작은 기념품이 방문하는 도시나 나라의 독특한 기억을 담아내지 못한다는 생각이 들면서 흥미를 잃기 시작했다. 이후 종을 사는 것을 멈추었다. 그리고 새롭게 가지게 된 여행 예식은 작은 조약돌을 가지고 오는 것이었다. 조약돌이 상징하는 것이 내 삶의 철학과 맞다는 생각이 들기 시작하면서부터다.

　　　　아무리 많은 조약돌이 모여 있어도 그 어떤 것도 동일한 것은 없다. '조약돌'이라는 유사성을 지니면서도, 하나하나의 조약돌은 그 자체로 유일한 독특성을 지닌다. 조약돌은 마치 우리의 얼굴과도 같다. '얼굴은 이름보다 선행'하는 자리다. 우리가 지닌 이름이란 나와 상관있기도 하고, 상관없기도 하다.

이름은 가족의 계보와 연결되어 있기에 내 선택과는 상관없이 나의 배경을 연결시킨다. 이름으로 가족·국적·문화 등 나의 외면성을 구성하고 드러낸다. 조약돌에서 나는 인간이 각자 삶에서 독특성을 발현하며 살아야 한다는 '개별성의 철학'을 엿보게 된다. 그 어느 조약돌도 동일하지 않다는 것, 모든 조약돌이 '돌'이라는 유사성을 가지고 있지만 각기 다른 존재 방식을 지니고 있음을 확인하게 되는 것이다. 그래서 나는 조약돌이 있는 장소에 가면 가만히 앉아서 들여다보곤 한다. 어느 하나도 같지 않다는 사실, 중요한 인간 이해를 상기하고 확인한다.

똑같이 생긴 조약돌이 없는 것처럼, 우리 각자는 유일무이한 개별적 존재다. 한 사람이 자기 삶에서 만드는 선택, 좋아하는 것, 하고 싶은 것, 갈망하는 것이 다를 수 있다는 것이다. '사회적 정서'라는 이름으로, 관습의 이름으로, 또는 누군가의 배우자·부모·가족이라는 이름으로, 타자의 삶이 지닌 독특한 선택과 결정에 훈수를 두는 것은 부당하다. 한 인간이 자신과 다른 개별적 존재임을 보지 않기 때문이다. 한 사람의 학연, 지연, 직책, 출신 배경 등에 집착하는 사회일수록, 한 인간이 지닌 고유한 개별성을 보지 않

모든 존재는 행복할 권리가 있다

으려고 한다. 대량 생산된 동질성의 인간만이 존재할 뿐이다.

'나라면 그런 결정을 하지 않을 것이다', '다 너를 생각해서 하는 충고다', '국민 정서에 맞지 않는다' 등의 서사로 우리는 타자의 삶에 불필요한 개입을 하고, 가십을 만들고, 훈수를 두려고 한다. 이런 사회일수록 '민주적 개인주의'가 발전하기 어렵다. 이기주의와 다른 '개인주의'는 모든 관계를 자유와 평등에 기초한 민주적 관계로 만드는 데 가장 중요한 출발점이 되는 토대다. 건강한 개인주의를 받아들이지 않는 사회는 한 개인의 개성·창의성·독특한 기호와 선택을 억누름으로써, 개별인의 삶은 물론 정치·종교·교육·예술·학문 등 다양한 영역에서 창조성의 토양을 메마르게 한다.

타자의 삶에 훈수 두는 사회로부터 과감히 벗어나야 한다. 그렇지 않다면 정치도, 예술도, 문학도, 학문도, 개인의 삶도 미성숙의 틀에서 벗어나지 못할 것이다. 비본질적인 것이 본질적인 것들을 대체하게 만드는 것, 건강한 개인주의를 받아들이지 못할 때 일어나는 돌이킬 수 없는 상실이다. 개별인의 삶의 궤도를 타자의 시선과 관습의 울타리 안에 가두어 놓고서 획일적인 삶의 방식만을 택하라고 강요하고 훈수 두는 사회는 이 21세기에 퇴보할 뿐이다.

불법을 행하고, 타자에게 해를 끼치는 것이 아닌 한, 나와 다른 선택을 하고 나와 다른 길을 가는 사람이 있다는 것을 받아들이는 것은 조약돌과 같은 우리의 '개별성의 철학'을 체현하는 방식이다. 인류에 기여하는 사상·예술·학문·기술 등은 개별인들의 독창적 시각, 독특한 삶의 철학과 선택을 존중하는 사회에서 꽃 피울 수 있다. 한국 사회에서 '조약돌의 철학'이 체현되는 때를 나는 갈망하고 기다린다. ○

모든 존재는 행복할 권리가 있다

존재하는 것은
행복해야만 한다

존재하는 것은 행복하다.

황석영의 소설 《오래된 정원》에 나오는 구절이다. 이 말은 주인공 오현우가 수감된 감옥 벽에 쓰인 낙서라며 윤희에게 보내는 편지에 등장한다. 그런데 자유가 없는 감옥 벽에 누군가 써 놓은 이 문장의 의미는 무엇일까.

어쩌면 이 구절을 쓴 수감자는 '행복하다'라는 현재의 상태가 아니라 "행복해야만 한다"는 당위성을 선언한 것 아닐까란 생각이 든다. 육체적으로 감옥에 갇힌 것이 자신의 '존재론적 자유를 파괴하거나 제한하는 것으로 만들지 않겠다'는 단호한 결단인지도 모르겠다. 즉 "존재하는 것은 행복해야만 한다." 그리고 더 나아가

"나는 외적 조건과 상관없이 나의 존재를 행복으로 가꾸고 만들 것이다"라는 용기와 결단, 그 선언의 의미를 지닌다.

당신은 행복한가. 무엇이 행복의 경험과 감정을 갖게 만드는가. 내가 행복한가 아닌가에 대한 정답은 없다. 행복의 외적 기준이 있어서, 누구나가 다 측정할 수 있는 '행복 평가 지수'도 없다. 이런 의미에서 나는 '행복 지수'를 측정하는 통계 같은 것에는 별로 관심이 없다.

나의 존재함이 행복이 되기 위해서, 나에게 '지순한 미소'가 번지게 하는 그 행복을 품고 살기 위해서, 무엇이 나의 삶을 의미롭고 행복하게 하는지 질문을 던져야 한다. 나의 존재함이 지독한 불행이 아니라 행복으로 전이되고 지속되려면 무엇을 해야 하는가. 이런 물음들에 대한 성찰이 필요하다. 몇 가지 객관적인 조건들이 충족되었다고 해서, 내가 '존재하는 것은 행복하다'고 확신할 수 있는 건 아니기 때문이다. 이런 의미에서 '행복─일반'이란 개념은 없다.

누군가를 향한 그리움에 심장이 뛰고, 자연이든 인간의 예술이든 아름다운 것을 보고 들으면서 지순한 미소를 짓고, '기브 앤 테이크'의 틀을 훌쩍 넘어서는 우정을 나누고, 몸과 마음과 정신의 친밀한 사랑을 만들어 가는 삶, 그러한 '인간됨'의 삶에서 우리는 점점 멀어지고 있다.

모든 존재는 행복할 권리가 있다

자본주의 사회에서 경험하게 되는 고도의 경쟁은 날이 갈수록 '인간됨'을 지켜내면서 살아감의 의미와 행복을 느끼는 것을 어렵게 만든다. 그뿐인가. 도처에서 들리는 뉴스는 마음에 짙은 어두움을 드리운다. 다양한 분쟁과 전쟁이 끊임없이 일어나고 있으며 그런 전쟁을 일으키는 사람들은 이런저런 '정의로운 이유'를 내세운다. 인류에게 중요한 보편 가치인 '정의'와 '사랑'은 지독하게 왜곡되고 있다.

　　우리 모두는 생존을 위해 먹고, 자고, 잠자는 것이 필요하다. 그러나 그 '생존 기계(surviving machine)'로서의 삶만으로 만족할 수 없는 것이 바로 인간이다. 생존을 넘어 삶의 의미와 행복을 추구하는 것, 바로 '인간됨'의 삶을 살아가고픈 갈망이 종교와 철학의 등장을 가능하게 했다.

　　미완성의 삶, 불완전성의 삶, 그리고 다층적 문제들 한가운데에서도 여전히 우리가 인간임을 상기하는 것이 필요하다. 유한한 삶에서 인간됨을 상기하고, '나의 행복과 의미로운 삶'을 확장하는 시도를 오늘도 해야 한다. 인간으로 산다는 것은 무엇인가. 살아감에 음식과 물과 공기가 필요한 것처럼, 우리 모두는 의미와 행복의 추구가 절실하게 필요한 존재다.

　　존재하는 것은 행복하다. 아니, "존재한다는 것은 행복해야만 한다." 그러기 위해서 오늘도 나는 치열하게 나 자신과 대화하고, 유일무이한 내 삶을 소중하게 가꾸는 것이 무엇인지 성찰하고, 외부 조건과 상관없이 나의 존재함이 행복으로 이어지는 것들을 부단히 시도해야 한다. 그렇지 않을 때 '존재한다는 것은 불행하다'는 냉소적 삶을 이어가야 하기 때문이다. 그래서 이 선언으로 하루를 연다.

"존재한다는 것은 행복해야만 한다."

행복해야만 하는 것, '행복할 권리'는 바로 나와 너의 '존재함의 권리'다. ◦

모든 존재는 행복할 권리가 있다

'FM-모드'에서의 삶의 축제

추석을 전후해 여러 분께 메시지를 받았다. 페이스북이나 카카오톡, 이메일 또는 전화로 "추석 잘 지내기" 바란다고 연락을 주셨다. 나는 명절의 일상적 메시지일 수도 있을 그 인사를 이번에는 다르게 받아들이는 예식의 출발로 삼았다.

나만의 추석 예식은 나의 삶을 우선 'FM-모드'로 전환하는 것이다. FM-모드로 전환하는 행위란 내 외부 세계의 암담하고 착잡한 현실을 '의도적으로 괄호 속에 넣는 것'에서부터 시작한다. 내 주변에서 벌어지고 있는 답답하고 착잡한 현실, 학문적으로 씨름하고 있는 문제들, 또는 개인적으로 고민하는 문제들…. 나로부터 지순한 미소를 삭제하는 이러한 복합적인 문제들을 모두 잠정

적으로 괄호 속에 넣고서, 이 삶을 축제로 즐기는 분위기를 의도적
으로 가지는 것이 바로 FM-모드로 나를 초대하는 방식이다.

　　나는 오래전부터 내 의식 세계를 두 가지 모드, 즉 AM-모
드와 FM-모드로 분류해 왔다. AM-모드는 복잡한 문제들이 산재
되어 있는 세계다. 반면 FM-모드란 이 삶의 축제성을 상기하는 세
계다. FM-모드는 내가 어려운 시기, 고통스러운 정황, 어지러운 세
계에 개입하면서도 그러한 것들이 나의 내면 세계를 흔들거나 파
괴하지 않도록 보호하는 은유로 만든 것이다. 운전중에 음악을 듣
고 싶으면 라디오 전원을 켜고 FM-모드로 들어가야 한다. 이와 비
슷하게 나는 복잡하고 힘든 일상적 삶이 나를 뒤덮지 않도록 내면
세계를 위한 나만의 모드 전환으로 FM-모드를 사용한다. 이것은
내가 오래전 한국을 떠나 미국으로 오기 몇 년 전부터 생각해 낸
은유다.

　　외적으로 어떤 어려움과 고통스러운 정황들 한가운데 있어
숨이 막힐 듯 느껴질 때, 과감히 빠져나와 나의 일을 하도록 FM-모
드로 나를 불러냈다. 이것은 나 자신을 격려하는 방식이기도 하다.
방문을 닫고 책상 앞에 앉으면, 외부의 모든 문제를 상징하는 AM-
모드를 끄고자 의도적으로 노력했다. 그리고 오로지 나를 미소 짓
게 하는 것들, 그리고 내가 하고 싶은 일들로 구성된 나만의 세계
로 들어가는 것이다.

이 FM-모드로 전이하는 것은 미국에 오기 전 한국에서 있었던 여러 가지 어려운 정황에서 내가 학문적 작업을 계속할 수 있게 했다. FM-모드에 나를 집어넣지 못했다면, 그 당시 외부 세계가 주는 암담함에서 나를 끄집어내어 작업하는 것은 거의 불가능했을 것이다.

이번 추석에 나는 오랜만에 다소 특별한 FM-모드 예식을 했다. 거실 한쪽에 친구가 선물해 준 오스카 와일드의 말이 새겨진 플레이트가 있다. 가끔 거실을 가로질러 오가다가 이 플레이트를 들여다보곤 한다.

자유,

책들, 꽃들,

그리고 달이 있다면

누가 행복하지 않으리…?

(With freedom, books, flowers, and the moon, who could not be happy?)

이번 추석에는 이렇게 내가 좋아하는 것들을 상기하면서, 외부 세계의 모든 복잡하고 착잡한 문제들을 잠시 괄호 속에 넣었다. 그리고 자유, 책, 꽃, 달, 음악, 커피, 미소, 시가 상징하는 것들을 다시 소환하여 꺼내 보면서 나만의 추석 예식을 치렀다. 오스카 와일드의 구절에 나오는 네 가지 항목에 나만의 항목을 추가한 것이다.

베토벤의 현악 사중주를 온 집에 가득하도록 크게 틀어 놓고 추석 음식으로 떠오르는 녹두전을 먹으며 한참 동안 음악을 들었다. 밤에는 뒷마당 테이블에 앉아서 이 세계를 환하게 비치는 보름달을 가만히 바라보고 음미했다. 그 어떤 편견도 차별도 없이, 달은 이 세계 모든 생명에 그 평온한 빛을 전한다. 어쩌면 정의, 평등, 자유 등과 같은 거창한 개념들은, 살아있는 생명들의 평온함을 모두 함께 나누는 의미가 아닌가.

다시 서재로 가면 이런저런 마감일들과 씨름하고 한국과 미국, 그리고 이 세계 곳곳에서 벌어지고 있는 뉴스와 접하면서 고민해야 하고, 여러 가지 긴급한 학교 일이나 잡다한 문제들을 처리해야 하는 AM-모드로 돌아가야 한다. 하지만 FM-모드에서 나는 고요하게, 쫓김 없이 생명 에너지를 충전한다. 아마도 나는 이 FM-모드 안에서 내가 개입해야 할 세계의 일들과 씨름할 힘을 얻는지도 모른다.

우리는 모두 각기 다른 정황에서 이런저런 어려움을 겪으며 살아간다. 오스카 와일드의 구절에 나만의 항목을 추가한 것처럼, 우리 각자는 자신만의 리스트를 생각하고 만들면서 내면 세계를 지켜내야 한다. 여러 가지 어려움이 많을수록 오히려 아름답고 굳건하게 내면의 정원을 일구는 연습을 해야 한다.

꿋꿋하고 치열하게 그리고 아름답게, 그 누구도 또는 그 어떤 외부 세력도 파괴하지 못할 내면 세계를 가꾸면서 잘 견뎌내야 한다. 간혹 AM-모드에서 과감히 나와 FM-모드 속으로 자신을 초대하면서. ◦

편지 쓰는 존재,
인간

인간만이 편지를 쓴다. 나는 편지라는 양식에 오랫동안 깊은 관심을 가져왔다. 지금도 그렇지만 나의 침대 옆 테이블에는 갖가지 서간집이 놓여 있다. 한나 아렌트가 남긴 서간집이 5권 있고, 시몬느 드 보부아르의 편지, 빈센트 반 고흐의 편지 등 다양한 서간집이 나의 서가에 있다.

내가 편지에 관심이 깊어지기 시작한 것은 오래전 영국 케임브리지에 있을 때부터다. 케임브리지에서 토요일마다 하던 '주말 예식'이 있었다. 아침이면 커피를 곁들인 식사를 하고, 자전거를 타고 대학 근처에 있는 들판에 갔다가, 시내 광장으로 향한다. 그곳에서 버스커들의 음악 연주를 서서 듣다가 작은 헌책방에 가곤 했다. 내가 주말마다 가던 헌책방에는 서간집만 모아두는 코너가 있었는데, 구석진 코너 앞 바닥에 앉아서 한참 동안 여러 서간집을 들여다보곤 했다. 나무로 된 바닥을 걸으면 삐걱거리는 소리가 났는데, 그 소리조차 나의 주말 예식을 특별하게 만들어 주는 것처럼 느껴졌다. 그때 나는 반 고흐가 일생 2,000여 통이 넘는 편지를 썼으며, 그의 동생 테오에게 보낸 것만도 600여 통이 넘는다는 것을 알게 되었다.

내가 마음이 무거울 때 종종 하는 일이 있다. 바로 '편지 읽기'다.

내가 수신자인 편지도 있고, 다른 사람이 수신자인 편지도 있다. 학술서, 소설, 시, 에세이 등 다양한 장르의 책들이 있는데, 그 어떤 장르에도 공식적으로 들어가지 않는 편지가 내게는 가장 흥미롭게 여겨진다. 내가 읽는 편지들은 발신자와 수신자 사이 공간(in-between space)에서, 또 사적·공적 경계를 넘나들면서 심오하고 풍성한 내면의 결을 드러내는 것들이다.

그 편지들을 꺼내 읽으며 절절한 마음들을 만난다. 누군가에게 이러한 마음을 편지로 쓰는 것은 결국 '자신(self)을 쓰는 것'이다. 자신의 내면 세계에 품고 있는 갈망, 고민, 희망 등을 글의 언어로 드러내는 것이다. '편지'라는 장르에 내가 끌리는 이유는 특정 주제를 이미 정하고 풀어내는 여타 글과 달리, 편지는 누군가를 향한 것이면서도 결국 자신의 깊은 내면을 향한 글이기 때문이다.

편지는 언제나 상대방의 이름을 부르는 것으로 시작한다. 그리고 '호명'은 발신자와 수신자의 관계의 결을 드러내는 중요한 표지가 된다.

하이데거와 아렌트가 1925년~1975년 사이에 나눈 편지를 보면 어떠한 호명을 하는가가 관계를 드러내는 중요한 표지가 됨을 알게 된다. 첫 편지는 "Dear Miss Arendt(아렌트 양께Liebes Fräuline Arendt)"로 시작하다가 그다음에는 "Dear Hannah(친애하는 한나에게 Lieber Hannah)"로 바뀌고, 어느 때부터인가 "My Dearest(나의 가장 사랑하는 사람에게Mein Liebstes)"라는 호명이 등장하기 시작한다.

대학원의 자크 데리다 세미나에서도 나는 학생들에게 학기 초와 학기 말, 두 번의 편지 쓰기(My Letter to Jacques Derrida) 과제를 내준다. 대부분의 학생이 첫 편지와 마지막 편지의 호칭이 달라지는데 이걸 보는 것도 매우 흥미롭다.

첫 편지에서는 "친애하는 데리다 교수께(Dear Prof. Derrida)," 또는 "데리다 박사께(Dear Dr. Derrida)" 등 매우 공식적인 호칭으로 부르는 경우가 많다. 그런데 두 번째 편지에서는 데리다의 애칭인 "재키에게(Dear Jackie)" 또는 "나의 가장 소중한 사람 자크에게(My dearest Jacques)", "나의 친구 데리다(My friend Derrida)" 등 매우 친밀한 호칭으로 부르는 경우가 많다.

한국에서 강연 등을 하면 내게 카드나 편지를 주는 분들이 있다. 텍사스로 돌아오면 한국에서 받은 편지들을 종종 꺼내어 읽곤 한다.

2022년 8월 22일, 9월 18일, 12월 17일에 각각 내게 편지를 쓰고 이것을 '한지' 같은 특별한 종이에 프린트해서 직접 전해주신 분이 있다. 첫 번째 편지와 두 번째 편지, 세 번째 편지에서 나를 호명하는 것에 변화가 있다. "강남순 교수님께", "따스한 시선을 지닌 강남순 교수님", 그리고 마지막 편지에는 "2022년이 저에게 준 선물, 강남순 교수님"이라고 나를 호명하면서 자신과 나를 연결시킨다. 이○○라는 분으로부터의 편지다.

나를 매번 이렇게 다르게 호명하는 것을 읽으면서 미소 짓게 된다. 물론 편지를 쓰신 분이 내가 해석하는 것과 같은 의미로 호명했는지 나는 알 수 없다. 그러나 편지에서 호명이 주는 의미를 늘 인지하는 내게, 이렇게 각기 다른 호명으로 나와 연결시키는 것은 각별하게 느껴진다.

내가 가르치는 학생의 편지도 있다.

오랜만에 K의 편지를 받았다. 착잡함으로 가득했던 나를, 제3의 세계로 이끌어내는 것 같은 언어들이 그 편지에 담겨있다. "가장 사랑하고(Dear[est]), 가장 소중한(most dear), 가장 신비로운 존재(dearest mystery), 하나이며 여럿인 당신 강박사님께(singular plural Dr. Kang)"라고 나를 호명하며 편지는 시작된다. 말미에는 흔히 하는 서명 대신 자신의 뒷모습을 찍은 사진을 넣고서, "당신을 향해 미소 지으며(Smiling at you)"라고 쓰여 있다.

이 마지막 글귀, "당신을 향해 미소 지으며"는 '자크 데리다'가 장례식 조사(funeral address)에서 쓴 마지막 문장으로 내가 가르치는 데리다 세미나에 등장한다. 나의 거의 모든 과목을 택해서 공부했던 K의 편지는 나와 공부하고, 질문하고, 성찰했던 것들을 시적 언어로 전이시키고 있었다. '탈일상성의 언어'로 구성된 그 편지는 새로운 세계의 가능성을 보이기도 하고, 꿈꾸게도 하면서 이 일상성의 세계를 새롭게 탈바꿈할 수 있는 시선을 가르쳐준다.

K는 나의 조교를 했었고, 2014년에 졸업하면서 내게 두 가지 선물을 남겼다. 하나는 시집이고, 또 다른 하나는 4쪽이 되는 편지다. 여러 나라에서 학생을 가르쳐 왔으니, 그동안 학생들로부터 받은 무수한 편지들이 있다. 그런데 2014년, 오래전에 받은 K의 편지를 지금도 가까이, 내 서재 보드에 두고 있다. K의 편지는 깊고, 풍성하고, 시적이다. 내가 반복되는 일상 세계 속에 잠겨서 잊곤 하는 새로운 세계를 다시 끄집어내도록 하기에, 나는 그의 편지를 내 책상 곁에 남겨두었다.

편지들을 하나씩 꺼내 읽으면서, 나는 이 모든 편지가 결국 나의 '함께의 삶' 정원을 구성하는 것임을 상기한다. 내게 편지를 보낸 분들은 나와 이 시대를 함께 살아가는 '동료-인간'들인 것이다. 인간에게 빈번히 깊은 실망을 하면서도, 끝까지 인간에 대한 깊은 관심과 기대의 끈을 놓아버릴 수 없는 무수한 이유가 있을 것이다. 그중 하나가 내게는 '편지'인 것 같다. 내가 '인간 아닌 존재'와 편지를 주고받을 수 있는가? 없다.

　　수신자가 타자이든 자기 자신이든, 편지 쓰기는 척박하고 황량할 수 있는 이 삶을 소중하게 생각하고 공허와 절망을 넘어 새로운 삶을 꿈꾸도록 하는, 적극적이고 치열한 '자기 사랑'의 방식이라고 나는 본다. 나의 살아감, 너의 살아감, 우리의 살아감을 고민하고 갈등하고 좌충우돌하면서 자기 자신과 너에게 편지로 삶을 나누는 것이다.

　　이런 분들은 나의 '함께의 삶' 정원에서 다양한 방식으로 나와 같이 걸으며, 이 황량할 수 있는 삶을 미소의 삶으로 만들어 주신다. 편지의 글을 통해 자기 삶의 한 귀퉁이를 나와 나누신 모든 분께 고마움과 미소를 전한다. 나의 '함께의 삶' 정원에서, 각기 다른 색채를 만들어 주셨다.

　　착잡한 삶의 무게, 또는 인간과 사회에 대한 실망과 절망감에 침잠하지 않기 위해서, 오늘도 나는 편지를 쓴다. 수신자가 나 자신일 수도 있고, 나의 글을 읽는 무수한 '그대'들이기도 할 편지를. 。

나는 갈망한다,
고로 존재한다

일기는 어릴 때부터 지금까지 내게 가장 가까운 친구 역할을 해왔다. 일기란 내가 나와(me and myself) 대화하는 것이다. 비판적 사유의 출발은 이렇게 '나'와 '또 다른 나'의 대화에서 시작한다는 한나 아렌트의 말을 어렸던 내가 알았을 리 없다. 그럼에도 불구하고 일기를 쓰면서 나는 나를 위로하기도 하고 내 속의 슬픔, 기쁨, 희열, 아픔과 좌절감 등을 마주하기도 했다. 나는 편지와 더불어 일기 쓰기를 매우 중요하게 생각하며 수업 과제에 편지 쓰기를 포함하기도 한다.

일기와 편지라는 두 장르는 공적 영역에 속하는 장르도 아니고, 특히 학문 세계에서는 연구 대상에서 배제된 영역이기도 하다. 일기는 자신과의 대화이며, 편지는 가까운 타자와의 대화다. 일기가 자신과 나누는 대화, 사적 영역이라고는 하지만 많은 경우 사후에 출판되어 공적 영역에 등장한다. 편지 역시 '대화'라는 점에서 사적인 것 같지만, 타자를 향한 것이라는 점에서 공적 글쓰기가 되기도 한다. 일기와 편지 장르가 내게 매우 흥미로운 이유다. 사적 영역과 공적 영역의 경계에 있다는 점, 그리고 '대화'의 소중함을 담은 '내면의 목소리'라는 점이다.

그래서 나는 관심 가는 사람이 생기면, 그들의 일기나 편지가 있는지 찾아보곤 한다. 디트리히 본회퍼의 옥중 서간, 수전 손택의 일기 등 나의 서재에는 일기나 서간집이 꽤 있다. 한나 아렌트가 연인, 친구, 동료, 배우자 등과 주고받은 5권의 편지 모음, 시몬느 드 보부아르, 반 고흐의 서간집 등 나의 서재에는 일기나 서간집이 꽤 있다. 늘 이런저런 마감일과 씨름하다 보니, 언제나 책을 읽을 시간은 부족하다. 그래도 10분이든 20분이든 아주 잠깐 시간이 나면 서간집이나 일기를 읽는다.

요즘은 수전 손택Susan Sontag이 1947년에서 1963년도 사이에 쓴 일기 등을 모은 책 《다시 태어남(Reborn)》을 틈새 시간에 읽곤 한다. 손택은 1933년생이며 책에는 13세부터 30세까지의 일기가 들어 있다. 오늘 이 책에서 다음 구절을 만나고서 '아!' 하는 감탄사가 나왔다. 이 글은 1948년 크리스마스에 쓴 것으로 그녀가 겨우 15세 때 쓴 것이다.

나는 나 자신을 어떻게 진단할 수 있을까?

내가 내 속에서 가장 직접적으로 느끼는 것은

'육체적 사랑과 정신적 동반자 관계(physical love and mental companionship)'를 향한

고뇌에 찬 나의 갈망이다.

인간은 육체와 정신을 지닌 존재다. 그런데 어찌 보면 너무나 당연한 인간에 대한 통전적(holistic) 이해가 여전히 왜곡되고 있다. 기독교와 같은 종교는 정신 또는 영혼이 육체보다 더 중요하다고 보면서 모든 육체적 갈망을 '죄의 온상'으로 규정하는 이분법적 인간 이해를 확산시켰다. 반면 자본주의는 인간의 육체를 단순히 본능적 욕망을 충족시키는 대상으로 상품화하는 역할을 해왔다.

'공공선(common good)'이 아니라 사적 이득 확대가 최고 덕목인 자본주의 사회에서 몸은 경제적 가치가 있지만, 정신적 갈망이나 열정은 눈에 보이지도 만져지지도 않기 때문이다. 그런데 인간의 육체와 정신은 그 어느 것도 우열의 위치에 있지 않다. 이 두 세계 모두 인간을 이루는 매우 중요한 토대이기 때문이다.

육체적 사랑의 갈망을 마치 '타락'처럼 여겼던 기독교 사상은, 육체 속에 정신이 깃들고 그 정신은 육체를 통해서 체현(embody)된다는 통전적 존재로서의 인간 이해를 왜곡시킨다. 또한 육체적 갈망을 정신적 욕구와 전혀 상관없이 취급하는, 쾌락을 극

대화하는 도구로만 이해하는 자본주의화 된 인간 이해도 지독한 왜곡을 양산한다.

알랭 바디우Alain Badiou는 '사랑'이란 존재론적인 것이라고 한다. 사랑은 한 존재를 새롭게 만드는 것을 가능케 한다. 바디우는 사랑하는 이들의 육체적 교류를 "몸들의 예식(ritual of bodies)"이라 명명한다. 이 육체적 교류는 '육체만이 아니라 정신적 교제, 존재적 동반관계'의 의미를 지닌다. 심오한 의미의 "몸들의 예식"은 '사랑'을 가능하게 하는 매우 중요한 요소다. 몸들의 예식에서 '나'는 '너'에게, 너는 나에게 전적으로 몸, 마음, 정신을 내어주며 '사랑에 항복(surrender)'한다.

바디우는 친구와 연인의 결정적 차이가 바로 키스나 성적 관계 같은 "몸들의 예식"의 존재 여부에 있다고 본다. 물론 연인이 친구가 될 수 있다. 그러나 친구 간에는 몸들의 예식이 부재하다. 친구이기만 한 관계와 연인 관계는 이 점에서 다르다.

영어에는 성적 관계를 나타내는 두 가지 표현이 있다. '섹스하기(having sex)'와 '사랑하기(making love)'다. '섹스' 행위는 두 존재 간의 이해와 동반자적 관계, 지순한 교류나 갈망이 굳이 개입하지 않아도 된다. 그러나 사랑의 표현으로서 '사랑하기'는 육체적 만남만이 아니라, 내 존재를 상대 존재에게 모두 쏟는 행위다. 이 점에서 알랭 바디우의 "몸의 예식"은 두 사람이 자신의 존재를 '몽땅' 주는 예식으로서의 '사랑하기'며 그 몸의 예식으로 이 삶을 창조하고 재창조하면서 행복과 의미의 순간을 경험하는 것이라 할 수 있다.

수전 손택의 "육체적 사랑과 정신적 동반자 관계"를 향한 고뇌에 찬 갈망을 보면 감탄하지 않을 수 없다. 1948년 크리스마스에 쓴 일기, 그녀가 15세 때다. 그 어린 나이에 손택은 스스로를 '진단'하면서 인간의 몸, 마음, 정신에 대한 '통전적 이해'와 그 통전적 인간으로서의 갈망을 이렇게 표현해냈다. 인간이 '육체'만이 아니라 '정신'을, '정신'만이 아니라 '육체'를 지닌 존재라는 것, 그리고 인간으로서 지니고 있는 근원적 갈망, 즉 사랑에의 갈망은 이렇게 두 요소를 지닌다는 것을 참으로 아름답게 표현했다.

사랑에 대한 다양한 철학적 접근을 하다 보면, 인류 역사에서 가장 중요한 인간의 갈망은 결국 '사랑'임을 배우게 된다. 수전 손택이 15세 때 자신을 '진단'하고자 쓴 일기 구절은, 무수한 철학자들이 에로스적 사랑, 낭만적 사랑, 도덕적 사랑, 상호적 사랑, 이타적 사랑 등 다양한 이름으로 명명한 사랑의 다층적 결들을 간결하고 심오하게 드러내고 있다.

사랑이란 결국 '육체적 사랑'과 '정신적 동반자 관계'에 대한 갈망이다. 인간의 육체와 정신처럼 이 두 요소는 분리 불가하며, 이 둘이 결국 '사랑'의 근원적 토대가 된다는 것을 15세 사람의 일기를 통해서 다시 확인하게 된다.

나는 어떻게 나 자신을 '진단'하는가.

나는 개별성을 지닌 한 인간으로서,

어떠한 갈망을 지니고 있는가.

15세의 수전 손택이 우리에게 심오한 존재론적 물음을 던지고 있다.

다양한 외적 위기의 시대에, 인간임을 다시 확인하고 '자신을 진단'하는 내면적 대화가 얼마나 중요한가를 수전 손택은 우리에게 상기시킨다. 결국 '존재한다는 것'은 '갈망한다는 것'이다. 무엇을 향한 갈망인가가 우리 각자의 존재 색깔을 다르게 만들 뿐. ◦

'한계 상황'을 마주하며

　　　　　　　　　　　　　최근 여러 죽음 소식을 접했다. 내가 개인적으로는 알지 못하는 타자, 그리고 가까운 이의 돌연한 죽음이다.

　　나의 조교가 이메일을 보내왔는데 그는 어릴 적부터 가장 가까운 친구의 어머니와 가족처럼 가깝게 지내왔다. 그런데 홀로 살고 있던 그 어머니와 전화 연락이 안 되어 집에 찾아가니 침실에서 돌아가신 상태였다고 한다. 사망 후 며칠이 지난 것으로 밝혀졌다. 자신을 늘 가족처럼 맞아주고 따스하게 대해주던 사람이, 홀로 죽음을 맞이한 그 장면이 계속 눈에 어른거려 먹는 것은 물론 잠자는 것도 어려워졌다고 한다. 결국 카운셀러에게 상담을 받고 있지만 거의 일주일이 되어오는데도, 정상적인 일상이 돌아오지 않는다는 내용이었다.

나도 개인적으로 돌연한 죽음을 접했다. 2024년 1월 나의 큰 오빠가 오랜 지병을 앓다가 생을 마감해 장례식에 다녀왔다. 미국에서 정신과 의사로 일하면서, 교회 성가대 지휘자로 봉사하는 것을 최고의 즐거움으로 삼던 오빠다. 의사직 은퇴보다 성가대 지휘자 은퇴를 더 힘들어했다고 한다. 내가 어렸을 때 '의대 오케스트라'를 지휘하던 오빠의 뒷모습은 당시 8남매 중 막내로 아주 작은 꼬마였던 내게 '세상에서 가장 멋진 오빠'라는 이미지를 깊숙이 각인시켰었다. 평생 병원과 교회를 오가며 살아온 오빠의 죽음을 접하고서, 나는 여러 상실감을 경험했다.

그런데 8개월 후 오빠의 아들인 나의 조카가 돌연히 죽음을 맞이했다는 소식이 왔다. 조카는 아침에 일어나 몸이 조금 이상하다면서 물 한 잔을 마시고는 바로 쓰러져서 깨어나지 못했다. 응급차가 오고 조치를 했지만 아무 소용 없이 바로 심장마비로 죽음을 맞이했다는 것이다. 오빠 장례식에 참석하러 LA에 갔을 때 조카 집에 방문해 보니 차고에 여러 종류의 기타, 드럼, 키보드를 갖추고는 두 아들과 노래하고 연주도 하며 지내고 있었다. 그렇게 지내는 모습을 보며 참 좋다는 생각을 했었다. 늘 활기차고 따스한 심성을 지닌 사람이, 한창 일할 젊은 나이에 돌연한 죽음을 맞이해 마음이 아팠다.

주변에서 들려오는 죽음의 소식은 언제나 가장 근원적인 존재론적 심연을 접하게 한다. 우리 모두 '죽음을 향해 가는 존재'라는 사실이다. 그리고 이러한 죽음의 목도는 '그들'만이 아니라 '나'의 다가올 죽음을 연결하게 한다. 삶과 죽음의 경계가 이토록 불투명하다는 사실을 문득 인식하면서, 도대체 살아간다는 것은 무엇인가라는 존재론적 물음과 마주하게 된다.

투병을 하다가 죽음을 맞은 자신의 어머니를 지켜보면서 쓴 회고록 《아주 쉬운 죽음(A Very Easy Death)》에서 시몬 드 보부아르는 "자연적 죽음이란 없다. 죽음이란 영원한 폭력"이라고 말한다. 그런데 투병의 과정조차 없는 돌연한 죽음이나 자살 같은 전혀 예상하지 않았던 죽음은 주변 사람 모두에게 '한계 상황'을 경험하게 한다.

하이델베르크대학교에서 한나 아렌트의 논문지도 교수였고, 평생 동료이자 친구로 지낸 칼 야스퍼스는 '한계 상황(Grenz-situationen; marginal situation)'이란 개념을 소개한 철학자다. 아무 일 없이 지나가는 것 같은 일상에서, 그 일상을 돌연히 깨는 사건을 우리는 경험하곤 한다. 가까운 이의 죽음, 질병, 고통, 죄책감 같은 경험과 감정은 편안한 듯한 일상의 울타리를 깨고, 마치 절벽에 서 있는 것 같은 지독한 '한계'를 마주하게 한다.

한계 상황은 나를 포함한 모두에게 불가피성과 생명의 끝

모든 존재는 행복할 권리가 있다

을 인식하게 하고, 고통이나 질병 혹은 깊은 감정적 괴로움과 마주하게 하고, 자신의 잘못이나 실패에 대한 책임을 느끼면서 다층적 죄책감에 시달리게도 만든다. 또한 쉽사리 해결되지 않는 여러 어려움에 직면하게 한다. 우리 모두의 운명과도 같은 존재론적 한계에 직면하게 하는 것이다. 인간으로 살아간다는 것은 결국 이러한 한계 상황과 조우하게 되는 것을 의미하기도 한다. 그렇기에 누구도 이러한 한계 상황을 피할 수 없다. 한계 상황은 다른 문제처럼 '해결'되는 것이 아니라, '직면'하고 살아가야 하는 것이기 때문이다.

이런 한계 상황을 피할 수 없는 것이라면, 이 한계 상황과의 관계와 그것을 보는 나의 시각을 변화시키는 수밖에 없다. 한편으로(on the one hand) 우리는 좌절과 절망에 사로잡힐 수도 있다. '아무것도 소용없다'는 냉소와 자기 방기의 삶을 살 수도 있다. 그러나 또 다른 한편으로는(on the other hand) 유한한 삶을 의미롭게 가꾸어야 한다는 실존적 자각의 계기로 받아들일 수 있다. 삶의 한계와 딜레마는 물론, 이 살아있음의 경이로움을 성찰하는 계기로 삼는 것이다. 그렇게 될 때 우리는 한계 상황에 직면함으로써, 보다큰 자유와 삶의 진정성에 다가가는 계기로 전환하기도 한다. 어쩌면 내 조교의 긴 이메일도, 또 내가 이렇게 글을 쓰는 것도, 한계 상황에 직면하면서 내 존재에 드리운 슬픔, 우울함, 절망감을 넘어서는 행위이기도 할 것이다. 한계 상황에 직면했을 때, 그것을 넘어서고자 하는 하나의 몸짓이며, 선택이기도 한 것이다.

칼 융의 말처럼 "나는 나에게 일어난 사건이 아니다. 내가 되고 싶은 존재가 되기 위하여 내가 하는 선택이 바로 나를 규정하는 것이다(I am not what happened to me. I am what I choose to become.)." 다층적 한계 상황과 조우하게 될 때, 나는 어떠한 선택을 할 것인가. 좌절과 냉소가 아니라, 자유와 진정성을 확장하며 보다 의미롭고 행복한 삶을 만들어 가기 위한 크고 작은 '선택'의 연습을 해야 할 것이다. 。

모든 존재는 행복할 권리가 있다

빵과 커피, 진정성의 내음

나는 특정 음식에 대한 선호가 그렇게 강한 편은 아니다. 어떤 음식을 먹기 위해 소위 '맛집'을 찾아다닌 적은 별로 없다. 그런 내가 유독 강한 관심을 갖고 있는 것이 있다. 빵이다. 빵에 대한 나의 관심은 독일에서부터 시작되었다. 독일에 있을 때 '브레첸(Brötchen)'이라는 빵을 아침 식사로 먹기 위해 이른 아침 동네 빵집을 가곤 했다. 아침에 빵집 문을 열고 들어서면, 빵 굽는 냄새와 커피 가는 냄새가 밀려오듯 다가온다. 빵을 사러 말없이 줄 서 있는 사람들의 표정은 거룩해 보이기까지 했다.

빵과 커피 향기, 그리고 줄 서 있는 사람들의 그 진지한 표정이 어우러진 광경을 마주하면 나는 언어로 표현하기 어려운 진한 감동을 경험하곤 했다. 이득의 극대화만 관심하는 빵이 아니라

'생명을 키우는 빵'인 듯 정성스레 구운 빵과 짙은 향의 커피에서 '삶의 진정성의 표상'을 보는 것 같았다.

　　독일 생활 이후, 내게 먹는 것에 중요한 관심 영역은 '빵과 커피'가 된 것 같기도 하다. 내가 빵을 각별히 애정하는 것을 아는 한 지인은 나는 소위 '밥벌이'를 하는 것이 아니라, '빵벌이'를 하는 거라며 농담을 건네기도 했다. 나는 진정성이 느껴지는 묵직한 빵, 온 존재를 가득 채우는 듯한 향이 그윽한 커피, 살아있음의 환희를 느끼게 하는 음악, 그리고 책이 있는 베이커리 카페를 하고 싶다는 비현실적(?) 꿈을 꾸었던 적도 있다.

　　내가 세운 '진정성 있는 빵'의 평가 기준이 있다. 멀리에서 보면 진열대의 빵들은 모두 비슷해 보인다. 그러나 가까이서 무게와 내음을 느끼면 진정성이 판가름된다. 갖가지 장식을 하고, 다양한 맛을 내기 위해 이런저런 것들을 섞어서 보기 좋게 만든 빵은 내게 매력을 주지 못한다. 들어보면 무게가 묵직하고, 냄새를 맡으면 그 어떤 인위적 냄새 없이 그 자체로 구수한 내음을 뿜어내는 빵, 또 아무런 겉멋을 내지 않는 투박한 빵, 이것이 내가 생각하는 '진정성 있는 빵'이다.

　　지금 내가 살고 있는 텍사스 집 뒤의 강가에서는 겨울을 제외하고 매주 토요일마다 농산물 직판장(Farmer's Market)이 선다. 직판장에는 집에서 직접 빵을 구워 나오는 판매대도 있다. 나는 그

　　　　모든 존재는 행복할 권리가 있다

홈메이드 빵을 주로 사곤 한다. 시식하는 빵을 주기에 먹으면서 "냄새가 참 좋다"고 하니 주인장이 환한 미소를 지으며 말한다. "이 빵들을 구울 때 온 집에 향기가 가득 차는데, 그때 참 행복하다." 그렇게 구운 빵이 한 덩어리에 10불이다. 밤새 구웠을 게 분명한 빵, 구운 사람의 표정 자체로 진정성을 드러내는 그 빵은 구수하고 맛있었다. 거짓도 요행도 없는 그런 맛이었다.

　　빵과 커피는 마치 사람들이 풍기는 분위기처럼 무게와 내음으로 자신을 드러낸다. 그래서 나는 학생들에게 "진정성은 냄새가 난다(you can smell the authenticity)"라는 표현을 하곤 한다. 책을 안 읽고서 읽은 것처럼 한다든지, 자신이 체득하지 못한 것을 체득한 척한다든지 할 때, 그 말을 듣고 읽는 사람들은 그 "진정성을 냄새 맡을 수 있다"는 것이다.

　　사물이든, 음식이든, 사람이든 '진정성'이란 보이지도 않고 굳이 내세우지 않아도 냄새처럼 다가온다는 것을 나는 경험한다. 사회 구석구석에서 묵직하고 구수한 빵을 구워내면서 정직하게 살아가는, 빵 굽는 사람 같은 이들이 있다. 이들 같은 존재로 인해 수많은 어려움 속에서도 여전히 우리는 살아갈 힘을 얻는다. 또한 '나'라는 존재와 나로부터 생겨난 관계들이 진정성의 내음을 풍기며 살아가고자 하는 것, 이것은 우리가 부여잡고 놓치지 말아야 하는 가느다란 희망의 끈이기도 하다.

진정성이 느껴지는 빵과 커피는, 내게 추상적 세계의 허공이 아니라 이 땅 위에 굳건히 뿌리 내린 삶의 소중함을 상기시켜주곤 한다. 또한 나의 지극히 주관적인 '빵과 커피'에 대한 철학은 음악과 함께 내게 중요한 생명 에너지를 주는 요소다. 아침이 되면 빵과 커피로 이 땅 위에서의 '하루'라는 소중한 선물을 연다. 그 진정성의 내음을 '희망 너머의 희망(hope against hope)'으로 삼고 하루를 살아가는 과제를 수행하는 것이다. 행복이란 '주어지는 것(given)'이 아니라, 이렇게 가꾸고 창출하는 '과제(task)'임을 상기하면서. ◦

모든 존재는 행복할 권리가 있다

진정성 실종 시대,
인간으로 산다는 것

사람마다 지금 하는 일을 시작하게 된 특별한 동기가 있을 것이다. 현재 내가 하는 일은 대학에서 철학적 또는 종교적 담론들을 가르치고 글을 쓰는 일이다. 내가 이 분야의 일을 하게 된 중요한 동기가 있다면, 그것은 나의 마음속에 언제나 자리하며 오랫동안 씨름해 오던 질문 덕분이다.

'인간은 누구인가, 인생의 의미는 무엇인가.'

쉽게 해답을 찾을 수 없었던 이 질문이 고등학생 시절부터 참으로 심각한 물음으로 다가와 나를 힘들게 했다. 결국 나를 계속 사로잡았던 이 실존적 물음이 내가 현재 하는 일을 하게 만든 중요한 동기가 된 것 같다. 무엇이 되겠다는 특정한 직업적 관심에서가 아니라, 나를 사로잡았던 물음과 씨름하기 위해 실존 철학적 관심을 자연스럽게 가지기 시작했던 것이다. 그런데 나만 고민한다고 생각했던 이 질문이 인류 역사에서 무수한 사람들이 씨름해 온 문제라는 것을 알게 되면서, 흥미와 열정이 생기기 시작했다. 이러한 맥락에서 보자면 내게 있어 여타의 글쓰기란, 읽기와 마찬가지로 '자서전적(autobiographical)'이라는 자크 데리다의 말에 전적으로 동감한다.

인간다움의 지평: 외부성과 내부성

인간이란 누구이며 인간을 인간이게 하는 것, 즉 '인간다움'의 요소는 무엇인가. 이러한 물음은 고대부터 사람들이 다양한 방식으로 씨름해왔지만, 누구에게나 적용되는 고정된 해답은 없다. 고정된 해답이 없다는 것은 결국, 이 물음들이 자신이 살아가고 있는 구체적 정황 속에서 지속적으로 성찰해야 하는 과제이며 동시에 여정임을 의미한다. 한 인간이 그 고유의 인간성을 형성하는 요소 중의 하나는 '나 됨(selfhood)'이라는 자아의식을 확보하기 시작하는 지점이라고 볼 수 있다.

그런데 '나 됨'이란 과연 무엇일까. '나'라는 존재는 마치 한 건물이 외부와 내부가 나누어지는 것처럼, 외부성(exteriority)과 내부성(interiority)을 지닌다. 객관적 물체로서의 건물은 외부와 내부가 확연히 나누어질 수 있지만, 한 인간이라는 존재의 외부성과 내

　　　　　모든 존재는 행복할 권리가 있다

부성은 서로 깊숙이 얽혀 있다. 외부성과 내부성은 각기 다른 구조에서 형성됨에도 서로 연결되어 있기에 분리가 불가능하다. 그러나 이러한 상호연관성에도, 나의 '내부성'은 사유하고 성찰하는 홀로의 시간과 공간 속에서 가꾸어지게 된다. 나의 외부 세계에서 일어나는 사건이 나의 내면 세계에 유의미한 사건으로 남게 되는 것은, 바로 이러한 사유와 성찰의 과정들을 통해서이다. '나 됨'은 지속적으로 가꾸고 가다듬어야 하는 과제이며 지속적인 여정인 것이다.

이러한 과정을 통해서 '나-타자-세계'라는 우리가 살아가는 관계적 틀 속에 책임적으로 개입하는 연습, 즉 주체적 삶을 살아가는 연습이 가능하게 된다.

나는 인간됨을 구성하는 외부성과 내부성의 상호연관성을 전제하면서 인간다움의 '내부성' 지평을 우선적으로 생각해 보고자 한다. 내면 세계 속의 '인간'에 대한 물음을 부여잡고 그 의미를 생각해 보는 것이 각자 삶의 정황에서 의미물음과 연계되어 있다고 보기 때문이다.

'탈영토적 고향'에 갈망을 지닌 존재

나는 오래전 독일로 유학을 떠난 이후, 한 장소에 오랫동안 정착해 살아 본 적이 별로 없다. 독일과 미국에서 유학 생활을 마치고 한국에 왔다가 미국으로, 영국으로, 그리고 다시 한국으로 거처를 옮기며 살아왔다. 그러다가 다시 미국으로 들어와 대학에서 학생들을 가르치기 시작했다. 지리적으로 한 장소에 정착하지 못하고 이렇게 노마드 같은 삶을 살아오면서, 내가 개인적 또는 학문적 흥미를 가지고 있는 주제 중 하나는 바로 '고향'이라는 개념이다. 이 '고향'이라는 메타포는 디아스포라, 소속성(belonging), 진정성, 소외와 일치, 인간됨의 의미 등과 같이 매우 복합적인 다른 개념들과도 연계되어 있다.

지리적으로 태어난 나라인 한국을 떠나 살고 있는 나에게, 사람들이 종종 묻는 물음이 있다.

"당신은 고향이 그리운가."

여러 나라에서 살아오면서 다양한 사람들로부터 이 질문을 받는 것에 나는 매우 익숙하다. 나의 사유 세계를 조금은 이해하는 가까운 친구나 동료로부터 이 물음을 받을 때, 나는 "나의 고향은 모든 곳에 있기도 하고, 아무 곳에도 없기도 하다"라고 대답하곤 한다. 자신이 태어난 나라를 떠나 있는 사람들은 '고향을 떠난 사람'이라는 표지와 함께 이방인으로, 또는 자발적 망명자로 살아간다. 그런데 '고향'이란 이러한 영토적 의미를 넘어서는, 훨씬 복합적인 개념이다. 외부 세계에 존재하는 고향이 아니라, 인간의 내부성과 연결된 '탈영토적 고향'인 것이다. 내가 글을 쓸 때 종종 '고향'이라는 말에 인용부호를 붙이는 것은 통상적 의미가 아닌 다른 의미의 '고향'을 드러내려는 의도를 암시한다.

인간은 다양한 의미에서 '망명자'로서의 삶을 살아가고 있다. 흔히 사람들은 자신이 태어난 곳을 '고향(home/homeland)'이라고 한다. 그러나 '고향'이란 지리적 영토 이상의 훨씬 심오한 의미를 지닌다. 자신의 지리적 고향인 팔레스타인을 떠나 미국 뉴욕의 컬럼비아대학교에서 가르치던 탈식민담론 이론가 에드워드 사이드Edward Said는 "나는 나의 글에서 고향을 발견한다"라고 말한다. 여기에서 '고향'이란 '영토적 고향'이 아닌 '탈영토적 고향'을 의미한다. 사실상 한 인간의 외부성과 연결된 '영토적 고향'이 아닌, 내부성에서 경험하는 '탈영토적 고향'이야말로 인간의 오랜 갈망의 대상이라는 것을 마야 엥겔로Maya Angelou는 섬세하게 노래한다.

어디에서 나 자신을 발견하든,

나는 고향에 가고 싶다고 갈망한다.

모든 인간이 그러하듯이.

이 단순한 듯한 시구는 '인간이 된다는 것은 무엇인가'라는 매우 복합적인 물음들과 맞닿아 있다. 이 시구는 자신이 태어난 지리적 고향을 떠났는가, 아닌가와 상관없이 인간이란 '고향'에 대한 갈망을 지닌다는 것을 아름답고 간결하게 전하고 있다. 이런 의미에서 '고향성'이란 자신으로부터 혹은 타자로부터 여타의 소외를 경험하지 않으면서 자기 자신과 '지순한 일치성'을 경험하는 상태라고 나는 본다.

구체적인 현실 세계에서 우리는 다층적 소외들을 경험한다. 다층적 소외란, 소외의 원인과 양상들이 매우 복잡하고도 다양한 층을 이루고 있다는 것이다. 전형적인 '소외' 개념의 역사적 예로 언급되는 것이 있다. 자본주의 사회에서 노동자들이 자신의 노동으로부터 당하는 소외가 바로 그것이다. 그런데 현실에서는 이외에도 다양한 소외가 일어난다.

예를 들어 자신의 생물학적 성별로 발생하는 소외가 있다. 여성, 남성 또는 트랜스젠더들은 한 인간으로서의 삶, 그리고 성별로 규정되는 사회적 삶 사이에서 어느 곳에도 속하지 못하는 '소외'를 경험한다. 사회적으로 규정된 정상적 또는 규범적 섹슈얼리티가 '이성애적 섹슈얼리티'로 규정되는 현실에서, 성소수자들은 끊임없는 소외를 경험한다. 또한 육체적·정신적 장애를 지닌 이들은 '정상의 몸'이라는 사회적 규범 앞에서 '비정상적 인간'으로 범주화됨으로써 사회·정치적 소외만이 아니라 존재론적 소외를 경험한다.

이러한 다층적 소외의 경험 한가운데 놓인 채 사유하는 인간은 그 '소외 너머의 세계'인 '탈영토적 고향'에 갈망을 가지며 살아가게 된다. 그렇다고 해서 이러한 '탈영토적 고향'에의 갈망이 단순히 개인적이고, 사적이고, 내면적인 의미로만 이해되어서는 안 된다. 한 사람의 '내부성'이란 그 한 사람이 자리 잡고 있는 외부 세계, 즉 정치·경제·종교·문화 등 다양한 차원들과 밀접하게 연결되어 있기 때문이다. 탈영토적 고향의 '낭만화'를 예리하게 경계해야 하는 이유다. 소외가 극복되는 고향에 갈망을 지니게 되는 것은 바로 그 '고향'에서 비로소 인간으로서의 진정성을 회복하고 의미를 창출할 수 있기 때문이다.

'고향에의 갈망'은 '아픔'을 수반한다. 그래서 이 아픔을 영어로는 '홈시크니스(homesickness)', 독일어로는 '하임베(Heimweh)'라고 표현한다. 이 단어들은 직역하자면 '고향 아픔'이다. 이러한 '고향에 대한 갈망의 아픔'을 지닌다는 것은 '상실에 대한 아픔'을 지닌다는 것을 의미한다. 자기 삶에서 있어야 할 어떤 것이 부재하다는 그 '상실'을 상실로 보지 못하게 될 때, 우리는 사실상 존재하는 것이라기보다 동물적 삶을 연명하는 것이나 다름없다. 그래서인가. 18세기의 독일 시인 노발리스Novalis는 다음과 같이 말한다.

철학은 고향에 대한 갈망이 주는 아픔(Heimweh),
모든 곳에서 고향을 느끼고자 하는 간절함이다.

진정한 의미와 행복감이 충족되고, 여타의 소외를 넘어서서 내가 나와 '일치성'을 경험하는 삶이 가능한 곳, 이러한 삶이 가능한 상태가 '고향'이다. 이러한 의미에서 노발리스의 표현처럼 철학이란 고향에 대한 갈망이 가져오는 아픔에 관한 것이기도 하다.

사유하는 인간은 자기 삶에서 진정한 충일함의 결여와 상실, 그리고 부재를 발견할 수밖에 없다. 동시에 그러한 결여, 상실, 부재, 소외를 넘어서는 '고향성'을 확보하고 확장함으로써 고향에 보다 가까이 가려는 변혁적 열정을 품으려 한다. 이러한 열정이 인간됨의 의미를 확보하게 하기 때문이다. 그런데 과연 자기 자신과의 지순한 일치를 경험하는, 그 어떤 소외도 넘어서는 '고향으로의 회귀(homecoming)'가 가능한 것인가.

이 질문은 사실 의미가 없다. 다만 고향에의 갈망이 주는 아픔을 끌어안고서, 고향에 더욱 가까이 가려는 용기와 열정으로 이 세계에 부단히 개입할 때 그 아픔의 의미가 살아나는 것이기 때문이다. 다층적 소외를 경험하면서 그 너머의 세계를 꿈꾸는 이들, 여타의 '결여'를 넘어서게 만드는 삶의 충일함에 지순한 갈망을 지닌 이들, 삶의 상실을 '상실'로 직시할 줄 아는 이들, 고향에의 갈망이

모든 존재는 행복할 권리가 있다

주는 아픔을 외면하거나 회피하지 않고 단호하게 자신 속에 품고 살아가는 이들. 이들이야말로 상실과 불행에 함몰되지 않고, 자신의 내면은 물론 외면에 새로운 세계를 가능케 하는 이들이다. 비록 그 갈망이 지독한 아픔을 수반할지라도.

자유에 갈망을 지닌 존재

영화 〈쇼생크 탈출〉(1994)에서 주인공 앤디는 어느 날 교도관의 방에서 음악을 틀게 되고 순간 연주곡 하나가 교도소 곳곳의 스피커로 흘러 나간다. 모차르트의 〈피가로의 결혼〉 중 '편지의 2중창'이다. 돌연히 감옥 구석구석에 아름다운 아리아가 가득 차는 그 이미지는 이 영화에서 내게 가장 인상적인 장면이다. 사방의 철망과 높은 담으로 둘러싸인 교도소 생활에 길든 사람들, 자신들이 상실한 것이 무엇인지조차 느끼지 못한 채 쳇바퀴 도는 삶에 적응한 사람들이 한없이 높고 길게 그리고 너무나 아름답게 울려 퍼지는 아리아를 들으며 자신들이 상실한 것이 무엇인지 불현듯 깨닫는다.

아리아가 단조로운 일상에 균열을 내는 그 순간, 모든 죄수가 일손을 멈추고 숨을 죽인 채 귀 기울인다. 아름다운 노래에 압도되어 찾아온 침묵의 시간, 자신들을 둘러싸고 있는 것이 자유를 박탈당한 삶임을 직시하게 되는 순간이다. 감옥을 둘러싼 높은 담을 넘어 멀리 퍼지는 아리아를 들으며, 사람들은 비로소 감옥 너머의 '자유로운 삶'을 자각하게 된 것이다. 자유를 갈망하는 사람의 모습은 어디에서든 아름답다는 것을 나는 그 장면에서 느꼈다. 주인공과 가깝게 지내던 친구 레드는 이런 말을 한다.

> 이 감옥에 사방 있는 벽들은 우습단 말이야. 처음에는 그 벽들이 증오스럽지. 그런데 그다음에는 조금씩 익숙해져. 그리고 시간이 많이 지나면 오히려 그 벽들에 기대어 살게 된다는 거야. 그것이 제도화된다는 거지.

〈쇼생크 탈출〉의 원제가 '쇼생크 구속(The Shawshank Redemption)'이라는 것은 매우 의미심장하다. '탈출'은 물리적 감옥으로부터 '벗어남(escape)'을 의미한다. 그 벗어남의 행위 자체가 어떤 '존재론적 가치'를 담고 있지는 않다. 그러나 원제에 있는 '구속(redemption)'이라는 개념은, 감옥으로부터의 '탈출'을 종교·철학적 의미를 담은 개념으로 확장한다. 즉 물리적 감옥에서의 탈출만을 의미하는 것이 아니라, 자유를 향한 갈망이 인간에게 '구속적 의미'를 지닌다는 심오한 해석을 전달하고 있다.

인간의 삶에는 다양한 '감옥들'이 있다. 감옥으로 상징되는 '제도'가 의미하는 바는 무엇일까. 우리는 제도를 떠나서는 살 수 없다는 듯 당연하게 그것을 받아들이며 매일매일 살아간다. 그러

모든 존재는 행복할 권리가 있다

다가 어느 날, 쇼생크에 울려 퍼진 아름다운 아리아처럼 일상을 넘어서게 하는 그 무엇을 만날 때, 비로소 자신의 인간됨을 가로막고 있는 것이 무엇인지 깨닫게 된다.

제도적 삶은 우리에게 표면적 안정감과 편안함을 주기도 한다. 그러나 다른 한편으로는 자유를 박탈하고 제한하는 '감옥' 역할을 하기도 한다. 자유를 억압하고 제한하는 '감옥성'을 창출하는 지점은, 사적 또는 공적 권력의 중심부 사람들에 의해 만들어지곤 한다. 그들의 이기적 욕심 또는 사회문화적 편견과 위선에 의해 만들어지는 것이다. 그렇게 생겨난 갖가지 제도는 인간의 다양한 살아있음의 표현과 인간됨의 양식을 정형화된 틀 속에 넣어버린다. 하지만 사람들은 점차 그 틀에 익숙해지면서 '편안하게' 자신의 삶을 이어간다. 마치 감옥의 벽이 처음에는 증오스럽다가 조금씩 익숙해지고, 시간이 한참 지나면 오히려 그 벽에 기대어 사는 것처럼.

그런데 죽음을 감수하면서까지 자유를 찾아 탈출을 시도하는 사람들이 영화에 무수히 등장하는 것처럼, 인류 역사에는 제도의 감옥성에 저항하는 이들이 끊임없이 출현했다. 교육 제도, 결혼 제도, 가족 제도, 또는 교리적 틀에 고착된 종교 제도 등 다양한 정치적·사회문화적 또는 종교적 '제도들'은 개별인들이 독특한 목소리를 내면서 추구하려는 '자기 삶'을 억누르고 '평균적 삶'을 강요

했다. 그럼으로써 자유를 구속하고 억압한다. 이러한 억압을 느끼는 이들은 공교육에 저항하며 대안 교육을 모색하기도 하고, 결혼 제도를 거부함으로써 사회적 불이익을 감수하고라도 자유를 확보하려는 저항 행위를 한다.

둘러싼 벽들에 오히려 편안함을 느끼며 기대어 사는 우리는, 상실한 것이 무엇인지 돌연히, 정말 돌연히 깨닫게 해 주는 그 '자유의 노래'를 어떻게 들을 수 있을까. 분명한 것은 '자유의 노래'는 인간됨의 삶에 절절한 '갈망'을 지닌 사람에게만 비로소 들린다는 사실이다.

'질문'이 있는 사람만이 '해답'을 찾을 수 있다. 마찬가지로 자유에의 갈망을 지닌 사람만이 그 '노래'를 들을 수 있다. 상실의 인식이 없는 이들, 상실을 회복하는 것에 갈망과 열정이 없는 이들에게는 자유의 노래가 들리지 않는 것이다. 따라서 '나는 인간이다'라는 선언은 자유의 노래에 갈망을 가진 사람들의 특권이다. '인간이 된다는 것은 무엇인가'에 답하는 것은 매우 복잡한 일이다. 다만 한 가지 분명한 것은, 생존적 조건을 충족하는 '밥'만으로는 인간됨의 의미를 채울 수 없다는 것이다. 〈쇼생크 탈출〉은 이 점을 잘 보여주고 있다.

모든 존재는 행복할 권리가 있다

의미물음을 하는 존재

자신의 삶을 사유하는 사람이라면 깊은 불안, 무의미, 좌절감 속에 빠지는 경험을 하곤 한다. 어떠한 직업을 가졌든, 어떠한 상황에서 살아가든 우리 삶에는 밝고 긍정적인 면만이 아니라 어둡고 절망적인 상황들이 공존하기 때문이다.

나는 이러한 내면적 경험을 '실존적 독감'이라고 명명한다. '독감'이라는 은유를 사용하는 이유는 육체적 독감과 비교가 가능하기 때문이다. 이 두 독감은 한번 걸리면 심하게 앓는 공통점이 있다. 그리고 이전에 앓았다고 해도 면역이 생기지 않으며, 앓을 때마다 새로운 고통과 아픔이 있다. 다른 것은 육체적 독감은 예방주사를 맞고 피하는 것이 가능하지만, '실존적 독감'은 '예방'이라는 것이 가능하지 않고, 가능하다 해도 사실상 커다란 의미를 지니지 못한다는 점이다. 이 실존적 독감은 '살아감'의 여정이 담고 있는 어두운 그늘이기도 하다. 인간이라고 해서 누구나 이 독감에 걸리는 것은 아니다. 오직 자기 삶에 의미물음을 하는 사람들만이 이러한 '실존적 독감'에 걸리곤 한다.

폴 틸리히Paul Tillich는 《존재의 용기(The Courage to Be)》에서 인간은 세 가지 불안을 가지고 있다고 말한다. 첫째는 죽음에의 불안, 둘째는 공허함과 무의미의 불안, 그리고 셋째는 자신이 한 일들에 대한 죄책감과 닥칠지도 모를 비난에 대한 불안이다. 그런데 이렇게 세 종류의 불안만이 우리 삶을 지배하는 것은 아니다. 자신의 삶에서 꿈꾸는 세계가 어쩌면 결코 오지 않을 것이라는 '불가능성의 예감', 또는 자신이 갈망하는 '충일한 관계들의 부재'에 대한 돌연한 인식 등은 우리를 종종 지독한 실존적 독감에 걸리게 한다. 그런데 이러한 실존적 독감에 걸리는 것이 부정적이기만 한 것은 아니다.

마틴 하이데거는 자신의 연인이었던 한나 아렌트에게 보낸 편지에서 "오직 태양이 있는 곳에만 '어둠들'이 있다"며, 어둠은 "한 사람의 영혼의 근원적인 토대"라고 말한다. 이러한 '어둠들'의 경험을 하게 될 때, 그것으로부터 도피하지 않고 대면하는 것을 '실존적 독감'이라고 나는 부르는 것이다. 이렇게 실존적 독감에 걸리는 것, 즉 삶의 어두운 그림자들을 느끼고, 대면하고, 그 속에서 깊숙이 침잠하는 듯 지독한 불안과 절망을 느끼는 것은, 살아가는 과정에서 참으로 소중하다. '실존적 독감'에 걸리는 경험은 삶의 의미물음을 묻는 공간으로 들어서게 함으로써 한 인간이, '동물성(animality)'만이 아니라 '인간성(humanity)'을 상실하지 않고 지켜내고 가꿀 수 있게 한다.

예를 들어서 개는 '견생(犬生)의 의미가 무엇인가'라는 물음을 던지며 밤새워 씨름하지 않는다. 인간만이 '인생(人生)의 의미는 무엇인가'라고 묻는다. 그 과정에서 삶이 주는 밝고 찬란한 경험만이 아니라, 절망적인 어두움을 인식하면서 무의미나 공허감에 사로잡히는 순간을 경험하게 되는 것이다. 어두움의 경험들은 결국 '인간됨'을 이루는 소중한 결들을 창출하기에 의미심장하다. 동시에 이러한 내면적 씨름은 자신이 생각하는 '인간됨'을 향해 충일한 의미를 조금씩 이루어 가는 치열한 과정이기도 하다.

　　실존적 독감에 걸리는 이들은 어두운 심연 저편에 있을 찬란한 햇살의 필요성을 절절하게 갈망하게 되며, 그러한 갈망과 의지가 비로소 찬란한 햇살을 창출하는 가능성을 지니게 된다. 절망의 경험을 한 사람들만이 역설적으로 진정한 희망의 의미를 느낄 수 있기 때문이다.

　　그런데 삶의 어두운 그림자들을 넘어서서 인간됨의 의미를 찾는 것은, 외부로부터 수동적으로 주어지는 것이 아니다. 특정한 사회정치 제도나 요건들, 또는 종교가 어두운 그림자들을 자동적으로 사라지게 하는 것은 아니라는 것이다. 사뮈엘 베케트Samuel Beckett의 〈고도를 기다리며〉는 삶의 의미와 어두운 그림자를 넘어서게 하는 찬란한 햇살은 '고도(Godot)'와 같은 존재—그것이 종교적·사회정치적인 것이든, 관계적인 것이든—에 의하여 수동적으로 주어지는 게 아니라는 메시지를 강하게 던지고 있다. 막연한 기다림의 자리를 단호히 털고 일어나는 용기와 의지, 그리고 어두운 그림자 저편에 있는 햇살을 향한 끈기 있는 열정과 희망, 이러한 것만이 인간됨을 이루기 위한 '실존적 독감'을 앓게 한다. 결국 이것이 한 존재의 내면 세계를 이루는 소중한 터전으로 전이시키는 가능성의 통로가 될 것이다.

'진정한 삶'을 추구하는 존재

사회·정치적으로 암울한 사건이 산재한 우리 현실에서도, 여전히 되돌아봐야 할 참으로 엄중한 '과제'가 있다. '진정한 삶'이란 나에게 무엇인가, 라는 물음이다. 우리가 의식하든 못하든 우리의 일상은 '가식의 문화'가 생산하는 다층적 삶의 방식과 가치에 지배받고 있다.

고도의 가식 문화에서 포괄적 의미의 '진정성의 삶'이란 매몰되고 사라지기 쉽다. 외부 세계의 '보여지는 나'와 내면 세계의 '실제적 나'와의 거리가 멀 때, '진정성' 있는 인간다운 삶을 실현해 내는 것은 거의 불가능하다. 이 '가식의 문화'는 삶의 크고 작은 영역에 스며들어 강력하게 작동한다.

예를 들어 '잘 지내는가(How are you)'라는 물음에 대한 답은 '잘 지낸다(I'm fine)'로 정형화되어 있다. 극심한 아픔과 고통에 빠져 허우적거리면서도 우리는 좀처럼 '잘 지내지 못한다(I'm not fine)'라고 표현하지 못한다. 이 정형화된 답에서 벗어날 경우, 연약한 '약자'의 위치에 서기 쉽기 때문이다.

'사랑'은 곳곳에서 남용되고 있으며 사랑의 표지인 '하트'

모든 존재는 행복할 권리가 있다

기호는 상업주의의 독점물로, 또는 이모티콘과 같은 장식물로 상투화되어 버린 지 오래다. 그래서 인간의 삶을 충일하게 만드는 아름답고 소중한 '사랑'이라는 말, 또는 그 사랑을 의미하는 상징물들에 우리는 아무런 감동도 받지 못한다.

백화점에서 90도로 몸을 굽히고 고객을 맞이하는 직원들의 상업적 미소를 보면서, 인간의 '미소'가 지닌 그 심오한 의미를 느끼는 것은 거의 불가능하다. 이뿐인가. 정치인들이 외치는 국민-사랑, 국가-사랑은 그 공허함의 깊이가 날로 더해간다. 세월호 참사 때 보였던 그 당시 대통령의 '눈물'은 정치적 '연기'로 전락하고, 종교 지도자들의 '진리 주장'은 이기적 권력 확장과 타자 혐오의 전거로 남용되고 있다. 사랑, 연민, 눈물, 미소와 같이 인간을 인간이게 하는 소중한 가치들이 '가식의 문화' 속에 매몰되고 왜곡되고 있다. 언젠가는 이러한 것들의 '진정한 의미는 도대체 무엇인가'라는 질문조차 사라지게 될지 모른다는 우려마저 생긴다.

이토록 '진정성'이 부재한 시대에, '진정한 인간'으로 살아간다는 것은 어떤 의미인가. 진정성이 사라진 시대에, 개별인들이 자신의 진정성을 확보하고 지켜내는 것은 도대체 가능한 것인가. 오스카 와일드의 "너 자신이 되라(Be yourself)"라는 선언은 '진정한 나 자신'이 된다는 것은 삶의 의미를 '지속적으로' 질문하는 것임을 상기시킨다. '가식의 문화' 속에 몸담고 살아가는 우리가 기억해야 할 것이 있다. 개별인으로서 자신의 '진정성'을 지켜낸다는 것은 '주어진 것'이 아니라 지속적으로 해내야 하는 '과제'라는 점이다.

　　'진정한 나'를 형성하기 위하여 우리는 '나는 누구인가'라는 물음과 대면해야 한다. 그러려면 나를 외부 세계로부터 거리를 두고 '고독(solitude)의 공간' 속에서 자신과 대화하는 시간이 필요하다. 자신과 시간을 갖는 방식은 저마다 다를 것이다. 자신의 생각과 고민을 글로 표현함으로써, 통찰을 주는 글을 읽음으로써, 또는 산책하거나 음악을 들으면서 내면과 소통하는 '홀로의 시공간'을 가질 수 있다. 현대 사회에서는 SNS나 텔레비전 등이 이러한 '고독의 시공간'을 끊임없이 가로막고 있다. 그래서 사유의 시공간을 확보하려는 '의도성'이 작동되어야 한다.

　　사유의 공간 속에서 씨름해야 하는 물음들이 있다. 나에게 진정성 있는 삶이란, 어떠한 방식으로 살아가야 함을 의미하는가. 나는 나 자신을 타자들에게 어떻게 표현할 것인가. 그들과 어떻게 관계 맺고 이 세계에 개입할 것인가. '세계 내-존재(Dasein)'로서 '진정성'을 어떻게 확보하고 이를 지켜내기 위한 실천할 것인가. 그 진정성을 나는 성숙하게 키워 낼 수 있는가.

　　이러한 물음들과 대면하지 않을 때, '나'는 사회·문화·정치·종교 영역에 만연한 '가식의 문화' 속에 매몰되어서, 오스카 와

일드의 "너 자신이 되라"의 의미조차 묻지 않는 삶을 살게 될 것이다. 진정성이 실종한 이 시대에 나 자신의 진정성을 지켜내는 것은 곧 나와 너의 인간됨, 그리고 '우리'의 인간됨을 지켜내기 위한 필요조건이다. 이는 우리가 저마다의 정황 속에서 각자 대면하고 씨름해야 하는 절실한 과제이다.

자유를 향한 갈망을 지니고 자기 삶의 의미물음을 하는 존재로서의 인간은 차별과 배제, 그리고 소외가 존재하지 않는 탈영토적 의미의 '고향'을 포기하지 않는다. 그러한 갈망과 열정을 지니면서 '진정한 나'가 체화되는 삶을 이루려 씨름하는 것, 이러한 과정이 바로 한 인간의 '인간됨'을 구성하는 결들이다. 이렇게 인간됨의 의미를 확장하고 가꾸려는 여정 자체가, 바로 인간을 인간이게 하는 희망의 근거 아닐까. 。

삶은 물음표다

간혹 만나본 적 없는 분들에게 메시지를 받을 때가 있다. 자신이 겪고 있는 문제를 털어놓으면서 내게 어떻게 하면 좋을지를 묻는다. 아마 내가 대학교에서 가르치는 선생이고 이런저런 책을 냈으니 '인생 문제'에 충고나 해답을 제시해 줄 수 있다고 생각하시는가 보다. 얼마나 답답하면 개인적으로 알지도 못하는 사람에게 사적 고민을 털어놓으면서 '이렇게 하면 됩니다'라는 해답을 받고 싶어 할까. 그 마음은 충분히 이해한다. 그러나 내가 해 줄 수 있는 '충고'나 '해답'은 아무것도 없다. 내가 할 수 있는 유일한 '충고'가 있다면 하나다. '어떻게'는 매번 각자가 스스로 찾아내야 하는 '숙제'라는 것.

많은 이가 '해답'을 찾아서 나선다. 그런데 누군가가 '나'의 삶이 지닌 무수한 문제들에 '정형화된 답'이 있다고 한다면, 그것을 경계해야 한다. 누군가의 삶에 '충고'하거나 '해답'을 제시하는 이들이 있다면, 자기계발 또는 종교의 이름으로 '이렇게 또는 저렇게 살라'는 정답을 제시하는 이가 있다면, 그것을 극도로 경계해야 한다. 우리 각자가 지닌 이 살아감의 크고 작은 문제들과 딜레마에는 해답이 없다. 누군가가 해답이 '있다'고 한다면, 그것은 '지적 부정직(intellectual dishonesty)'이다 그리고 '지적 부정직'은 결국 이 삶을 부정하게 만드는 기능을 한다. 해답이 있다고 하는 이들, 갖가지 충고를 담은 자기계발 서적이나 종교 서적을 경계해야 하는 이유다. '부정직한 삶'으로 이끌기 때문이다.

20세기 니체라고 불리는 에밀 시오랑은 다음과 같이 말한다.

삶은 물음표다.

(Life is a question mark.)

많은 이가 '질문'보다는 '해답'을 찾고 싶어 한다. 질문과 씨름하는 것은 피곤한 일이기 때문이다. 그래서 '하나님'이, '부처'가, 또는 '도인'이 '해답'을 제시해 줄 것이라고 기대한다. 인생에 대해서 이런저런 충고와 해답을 제시한다는 '○○ 스님'들의 책은 그의 사후에도 여전히 베스트셀러 리스트에 들어가 있고, 자기계발서는 불황을 모른다. 갖가지 '해답'을 제시하는 교회, 사회적 부와 명성을 가진 이들을 하나님의 '축복'을 받은 예증으로 내세운다. 축복과 해답을 '보장'하는 곳에는 사람이 차고 넘친다. 그런데 책을 읽든, 종교생활을 하든, 그 무엇을 하든 내가 기대하는 것이 내 인생의 '해답, 성공, 축복'이라면, 이 모든 행위는 나를 '미성숙의 삶, 부정직의 삶'으로 이끌어간다.

"삶은 물음표다." 이것은 어쩌면 우리에게 주어진 '축복(blessing)'인지도 모른다. 예수는 '해답 제시자'가 아니라, '질문자'다. 마틴 코펜하버의 책《예수는 질문이다: 예수는 307개의 질문을 했고, 3개만 답했다》를 보면 예수는 해답이 아니라, 무수한 질문을 던졌다. 인류 문명사에서 자취를 남긴 사상가와 사람들은 해답을 제시한 이들이 아니다. 우리에게 새로운 질문을 하게 하는 이들, 살아감을 새로운 시선으로 보게 하는 이들에 의해서 '나'의 삶도, '우리'의 삶도, 그리고 이 세계도 변화되어 왔다.

오늘도 나만의 새로운 '물음표'를 품고서,
한 걸음을 떼자. ○

관 계 의
정 원 을   가 꾸 는
연 습

'마음속 책상'을
꾸리는 용기

미국에서 박사학위를 받고 오
랫동안 미국에서 일해온 나의 동료-친구가, 자신이 태어난 나라
로 떠난다. 그렇다고 그곳에서 무엇을 할 것인가, 같은 어떤 확실한
계획이 있는 것은 아니다. 다만 오랜 미국 생활을 접는 것이 낫겠
다는 결론에 이르렀기에, 불투명한 미래에도 불구하고 떠나는 것
이다. 그가 집과 물건을 정리하는 등 미국 생활을 매듭짓는 그 전
이 과정을 지켜보면서 이 살아감에 대하여 여러 가지 생각을 하게
됐다.

오랫동안 익숙하게 살아온 공간을 뒤로하고 아무것도 확정
되지 않은 불확실성의 미래를 향해 떠난다는 것은, 우리를 비장하
게 만든다. 그리고 그 떠남은 이 지구 위에서 나의 삶이 사실상 '임

시 거주자'임을 다시 상기하게 한다. 우리 모두 언젠가는 예외 없이 이 지구에서 떠나야 하는 존재라는 지극히 단순한 진리, 그러나 종종 망각하는 그 명증한 사실을 돌연히 깨닫게 하는 것이다. 떠남이 한 사람의 삶에서 중요한 전환점, 사건으로서의 의미를 지닐 때가 있다. 그것은 '비본질적인 것들'에서의 집착을 과감히 버리고 '본질적인 것들'의 소중한 의미를 깨우칠 때다.

떠남을 '사건'으로 유의미하게 만드는 것은, 외부 존재가 아닌 오로지 자기 자신이 이 살아감의 주체가 되어야 한다고 인식하는 지점에서 시작된다. '떠남'을 자기 삶의 의미와 가치 등 근원적 물음과 조우하는 과정으로 삼을 때, 그 '떠남'이 중요한 전환점이 된다고 나는 생각한다. 이러한 인식은 자기 삶의 방향성을 스스로 '사유'해 '판단'하고, '의지'를 가지고 '행동'으로 이어지게 한다. 사유, 판단, 의지 그리고 행동은 이렇게 나선형 순환궤도를 만들면서 우리 삶을 구성한다. 이 삶의 불확실성과 비결정성을 불안과 좌절로 작동시키는 것이 아니라, 주체적 희망과 용기 창출의 요청으로 받아들이는 것이다. 우리의 '통제-너머'에 있는 것들을 과도한 불안감 없이 받아들이면서, 자기 삶의 주체로 살아가려 결단하는 것은 '존재함의 용기'이기도 하다.

그는 오랫동안 쓰던 가구들을 다른 사람에게 주었는데, 가구를 내가던 날 트럭이 코너를 돌아 안 보일 때까지 서서 지켜보

모든 존재는 행복할 권리가 있다

았다고 한다. 그가 쉽사리 시선을 돌리지 못하고 마치 어떤 사람과 이별할 때 뒷모습을 지켜보듯 보던 것은 무엇이었을까. 그것은 눈에 보이고 손에 잡히는 물건으로서의 가구들이 아닐 것이다. 자신의 과거와의 작별, 그리고 새로운 미래와의 조우라는 이 두 축의 '사이 공간'에서 자신의 존재를 지켜본 것은 아니었을까.

그 가구 중에는 그가 오랫동안 앉아서 책을 읽고, 글을 쓰고, 편지를 쓰던 책상 겸 테이블이 있었다. 그는 그 테이블에 대한 아쉬움을 내게 적어 보냈다. 한국, 독일, 미국, 영국, 이렇게 네 나라에서 살아 온 나는 삶의 여정에서 무수한 '떠남'을 해야 했다. 익숙한 곳을 떠날 때, 익숙한 물건들을 버리는 과정은 필수적이다. 이떠남과 도달함이란 언제나 완결형이 아닌 진행형임을 나는 조금은 안다.

새로운 곳에 갈 때마다, 내가 가장 먼저 구하고자 했던 가구는 책상이었다. '책상'이란 나의 내면 세계와 외면 세계가 만나는 '존재의 공간'이란 의미를 지니기 때문이다. 실용적 가치만이 아니라, 매우 중요한 '존재론적 가치'를 지닌 '상징적 은유'이기도 한 것이다. 자신의 책상 겸 테이블을 떠나보내면서 깊은 아쉬움을 가졌다는 그에게 다음과 같은 내용의 메시지를 보냈다.

"지금 당장 '눈에 보이는 책상'이 사라졌어도, 나는 당신이 눈에 보이지 않는 자신의 '마음속 책상'을 더욱 아름답고 굳건하게 만들어 가기를 바랍니다. 당신은 분명 그렇게 할 거라고 믿어요."

　외적 환경과 조건이 자신의 존재 자체를 규정하도록 내버려 둔다면 그것은 삶에 대한 방치이다. 사회적 관습, 주변의 시선과 평가들, 종교적 도그마 등의 외적 조건만으로 규정되는 삶을 살때, '타자의 감옥'에 스스로 갇히게 된다. 끊임없이 상징적 '떠남'을 단행하면서, 비본질적인 것들에 집착을 과감히 버리고 이 삶의 본질적인 가치들을 보다 굳건히 부여잡아야 한다. 그리고 본질적 가치를 창출하려는 의지와 용기를 가지는 것, 그것이 내게는 '마음속 책상'이 상징하는 것들이다.

　나는 불확실성의 미래를 향해 새로운 발걸음을 내딛는 나의 친구가 어디에서 무엇을 하든, 또는 예상치 않았던 어떠한 난관을 만나도 '마음속 책상'을 꾸리며 '존재에의 용기'를 작동시키기를 바란다. 그래서 한 걸음씩 뚜벅뚜벅 걸어가면서 소중한 의미와 가치가 중심을 차지하는 아름다운 삶을 만들길 바란다. 세상이 뭐라고 하든 비본질적 짐들을 자꾸 버림으로써 보다 자유로운 영혼과 삶의 방식을 모색하길 바란다. 소중한 가치들을 부여잡고 살아가는 자유인으로 새로운 삶을 펼치고 창출해 가기를 바란다.

　'마음속 책상'이란 우리가 읽고, 쓰고, 사유하고, 보다 나은세상을 향한 낮꿈을 꾸고, '자기-너머의 자기'를 만들어 가면서 우정, 사랑, 따스함과 같은 이 살아감의 본질적 가치들을 지속적으로 자신에게 상기시키는 공간이다.

　모든 것이 계산 가능한 가치를 지닐 때 비로소 그 의미를 인정받는 이 현대 세계에서 이러한 '마음속 책상'을 꾸려가는 것은 나의 동료-친구만이 아니라, 나 자신에게 그리고 이 삶을 의미롭게 살고 싶어 하는 모든 이에게 절실하게 필요한 것이리라. 。

라면 한 냄비와
미소의 선물

집 뒤뜰에 있는 나무 울타리 교체를 3일에 걸쳐 마쳤다. 나는 50여 가구가 모여 사는 곳(gated community)에 살고 있고, 이웃과 담을 공유하고 있기에 여러 집이 의견을 모아 교체하게 되었다. 17년 된 나무 울타리이니 이제 수리하는 것보다 교체하는 것이 낫겠다는 생각에 이른 것이다. 일을 하러 네 사람이 왔는데 한 사람만 기본적인 영어를 하고 다른 세 사람은 거의 영어를 하지 못하는 멕시코계 사람들이었다.

내가 사는 곳에서는 공사하는 사람들에게 식사 등의 음식을 제공하지 않는다. 이런저런 공사를 하는 집들이 많은데 그 어느 집도 일하는 이들에게 음식을 제공하는 것을 보지 못했다. 아마 알레르기 등 여러 이유가 있을 텐데 한국과는 매우 다른 광경일 것이다.

　이들은 아침 8시경부터 와서 일을 했다. 내가 "커피를 만들어 줄까"하고 물었더니, 바로 "괜찮다"고 한다. 그런데 점심때가 훌쩍 지나 오후 2시가 가까워졌는데도 아무것도 먹지 않고 있는 것 같기에 "점심은 안 먹는가"하고 물었다. 그랬더니 자기들은 "아침 일찍 먹고 나와서는 하루 종일 가능하면 음식을 먹지 않고, 저녁에 집에 가서 먹는다"고 한다.

　온종일 육체노동을 하는 이들이 점심도 안 먹는 이유가 궁금했다. 왜 그런지 물었더니 서툰 영어로 이런저런 이야기를 한다. 결국은 '화장실에 가지 않기 위해서'라고 하는 것 같았다. 일하면서 커피도 물도 안 마시고 점심도 안 먹는 이유가, 내가 전혀 생각지 못한 이유 때문이었던 것이다.

　나는 집 안에서 점심을 먹으면서 자꾸 뒷마당에서 일하고 있는 사람들을 보게 되었다. 마음이 편하지 않았다. 그래서 나가서 "한국식 '국수(라면)'를 만들면 먹겠는가"하고 물었다. 한 사람이 동료들에게 스페인어로 통역하니, 그들이 동시에 환한 미소를 지으며 내게 엄지척을 보인다.

　큰 냄비에 라면을 끓여서 뒷마당으로 가지고 나가 그들을 불렀다. 손에 장갑도 안 낀 채 일하던 이들이 연장을 내려놓고 흙이 잔뜩 묻은 손도 개의치 않은 채 파라솔 밑 테이블에 앉았다. 라면을 내오는 나를 바라보며, 그리고 그 라면을 먹으면서 맛있다는 표정과 손짓을 보내왔다. 그런 그들을 보며 내가 오히려 미안했다. 특별한 음식도 아닌, 이 사소한 라면 한 냄비가 네 사람의 얼굴에 그토록 환한 미소를 주다니, 내가 전혀 예상하지 못한 경험이었다.

그들은 라면을 맛있게 먹고 열심히 일했다. 자유롭게 내 집 화장실을 쓰라고 권했지만 고맙다고만 할 뿐 끝내 사용하진 않았다.

'미소'는 글의 언어나 말의 언어로 담아낼 수 없는 심오한 '몸의 언어'다. 글과 말이 통하지 않아도 사람이라면 누구에게나 그 마음을 전달할 수 있는 인류 보편의 언어다. 그래서 자크 데리다는 자신의 장례식에서 아들이 읽을 '조사(funeral address)'의 마지막 문장을 "여러분에게 미소 지을 것입니다"라고 매듭짓는다.

나는 울타리를 교체하는 이들에게 그 사소한 '라면 한 냄비'를 끓여주었을 뿐이다. 그 사소한 라면 한 냄비가 환한 미소로 돌아왔다. 그리고 먹으면서 연신 보여준 엄지척도 함께. 그 미소를 기억하며 '오늘 내가 가장 잘한 일은 이들에게 라면을 끓여준 것'이라는 메모를 나의 저널에 남겼다.

정의를 목청껏 외치고, 사회정치적 평화를 외치는 사람들에게서 복합적 의미의 '미소'를 발견하기 힘들 때, 나는 그들의 이론과 운동에 큰 신뢰를 하기 힘들다. 결국 여타의 변혁 이론이든, 운동이든 자신 속에 인간됨을 타자와 나누는 몸짓으로부터 그 진정성이 나오는 것임을 경험해 왔기 때문이다.

　　나를 미소 짓게 하는 것, 그리고 내 주변의 타자들을 미소 짓게 하는 것은 무엇인가. 미소에도 언제나 연습이 필요하다는 것을 '라면 한 냄비'를 놓고 내게 보내는 네 사람의 환한 미소로부터 배운다. 오늘 나는 언어도 통하지 않는 이들로부터 '지순한 미소'라는 소중한 선물을 받았다. ◦

두 종류의 나이:
몸의 나이와 정신의 나이

학기 중에 나는 거의 영어를 사용한다. 내가 일하는 대학교에 한국 학생 수가 매우 적어 쓸 일이 없기 때문이다. 그런데 어쩌다가 전화 또는 이메일로 한국인과 소통하게 되면 한국어가 지닌 위계적 언어구조를 느끼게 된다. 존댓말 또는 반말만이 아니라 서로에 대한 호칭을 정해야 하는 한국어는 언어만 바꾸는 것이 아니라 사유방식도 바꾸며 쉽게 위계를 설정한다. 이런 방식은 서로를 평등하고 개방적으로 대하기 어렵게 만든다. 언어와 소통방식 자체가 불필요한 거리감을 조성하기 때문이다.

'한국적인 것'을 이루는 구성요소 중 매우 중요한 자리를 차지하는 것이, 생물학적 나이에 따른 위계 구조 설정이다. 물론 개인에 따라 예외가 있겠지만, 많은 한국인이 한국에 살든 외국에 살든 누군가를 만나면 우선적으로 관심하는 것이 상대방의 생물학적 나이이다. 그 생물학적 나이를 알기 위해 대학 '입학 연도'와 같은 다양한 방식의 질문을 하곤 한다. 나이, 직책 또는 입학 연도 등에 따라 분명한 생물학적 나이를 측정해야 '적절한 위계'를 구축해 '안전한' 관계를 유지할 수 있기 때문이다.

　　미국의 대학생들은 '졸업 연도(예를 들어서 2027년에 졸업하는 사람들은 '클래스 오브 2027, Class of 2027')'로 학교에서의 범주를 지니고 있다. 반면 한국의 대학생들은 '입학 연도'로 대학이나 사회에서의 자신의 위치성을 규정하곤 한다. 그래서 학교에서 자기소개도 '○○학번'이라는 매우 특이한 방식의 위치 규정을 한다. 아무리 같은 해에 졸업해도, 생물학적 나이를 보다 분명하게 드러내는 입학 연도로 위계를 설정해야 하기 때문이다.

　　그런데 이렇게 한국인들이 생물학적 나이에 따라 위계적 관계를 구성한다는 것은 표피적인 문제만이 아니라, 보이지 않는 해가 참으로 크다. 개인들이 살아가는 사적 영역은 물론 정치·학문·교육 또는 종교 등과 같은 공적 영역에서, 비판적 문제 제기와 토론을 가로막는 커다란 장애가 되기 때문이다. 예를 들어서 선배 학자의 논문이나 책에 학문적으로 치열한 토론이나 반론을 제기하는 것은 그 사람의 장래에 심각한 불이익을 끼칠 수 있다. 정치·교육·종교계에서도 선배와 후배의 위치성은 그 어떤 수평적 관계

구조가 들어서기 어렵게 만든다. 생물학적 나이나 직책에서의 연배에 따른 위계적 위치 설정은 그 자체가 반(反)민주적일 수밖에 없다.

나는 현재 가르치는 대학에서 2006년부터 일했다. 그렇지만 동료들은 서로의 생물학적 나이를 모른다. 이 대학에서 전임교수로 가르치면서, 생물학적 나이에 대한 개인적 관심을 서로 표현하는 사람을 이제까지 만나보지 못했고, 나 역시 관심이 없다. 학교 내에서 학장 또는 총장으로 서로를 호칭하는 것이 아니라, 서로의 이름을 부르며 소통한다. 그래서 교수회의나 다양한 위원회의 회의를 할 때, 무슨 선배 교수 또는 후배 교수라는 연배 의식으로 소통하는 경우가 없다. 적어도 이러한 탈위계적 관계 형성을 통해서, 생물학적 나이와 상관없는 민주적 토론과 비판적 문제 제기가 가능한 공간이 확보된다.

나는 내가 만나는 사람들에게 관심하는 나이가 있다. 생물학적 나이가 아니라 '마음의 나이', '정신의 나이'다. 그런데 이를 어떻게 측정하겠는가. 정신의 나이를 측정하는 것은 어떤 객관적 기준을 설정할 수 없기에 지극히 주관적인 나의 기준일 뿐이다. 나는 학생이든, 동료든 또는 이런저런 모임에서 만나는 사람들이든, 그들의 젊음 여부를 나름대로 정하는 정신의 나이에 관심이 많다. 그 사람이 타자에 대하여, 사물에 대하여 좀 더 알고자 하는 지순한 호기심과 열정을 지니고 있는가, 새로운 앎이나 의미 추구에 대한 '실존적 배고픔'이 있는가 하는 점이다.

그 '호기심'과 '실존적 배고픔'의 성격, 강도 그리고 깊이에 따라 나는 그 사람의 '정신의 나이'를 측정한다. 내가 사람들과 함께하기 위해 시간을 낼 때, 그 시간이 무의미하다고 생각하는 경우는 타자나 사물에 호기심이 담긴 질문이 별로 없는 사람과 시간을 보내야 할 때다. 어떠한 질문을 품고 있는가가 그 사람을, 그리고 정체성을 드러낸다. 그런데 질문이란 자동적으로 형성되는 것이 아니라, 자신의 내면 세계를 가꾸는 호기심과 열정을 구체화하는 사유, 읽기, 고민 등을 통해 만들어진다.

국제회의나 콘퍼런스 등에 참석하면 학문적으로 여러 업적을 낸 사람을 만나는 경우가 많다. 며칠 동안 콘퍼런스를 함께하다 보면 그 '석학들'의 '정신의 나이'를 느끼게 된다. 소위 '훌륭한 학자'라도 함께하는 이들에게 아무런 질문이 없는 경우가 있다. 같이 식사하거나 차를 마시면서도 주변 사람에게 관심조차 보이지 않는 사람, 자신에게 오는 질문만 받을 뿐 그 어떤 질문도 하지 않는 사람, 이런 사람은 내게 젊음을 상실한 사람이다. 또 관계에 대하여 매우 무책임한 사람이다.

마주하고 있는 사람에 대한 호기심, 새로운 앎에 대한 호기심, 새로운 가능성에 대한 호기심을 지속적으로 가꾼 사람의 눈은 빛난다. 그런 사람은 함께하는 이들에게 '존재의 미소'를 뿜어내게 한다. 그런 '젊음'을 품은 사람이 있을 때 상투적일 수 있는 '무채색의 공간'이 돌연히 '유채색의 공간'으로 전이하게 된다. '열정'은 그 삶에의 호기심을 구체적인 삶의 구조에서 발현하게 하는 생명 에너지다. 자신이 꾸리고 만들어 가고 싶은 삶과 세계에 대하여 단순히 공상만 하는 것이 아니라, 구체화시키기 위한 자기 변혁의 에너지를 지속적으로 충전하고, 기획하고, 추진하는 의지를 갖고 실천하는 사람이다.

내가 현재 가르치고 있는 대학원에는 한국에서는 상상하기 어려울 정도로 학생들의 생물학적 나이의 범주가 넓다. 대학을 갓 졸업하고 온 20대 학생부터 60대는 물론 70대 학생들까지 있다. 물론 생물학적 나이가 꽤 들어서 대학원에 다니는 학생들은 이미 직업이 있지만 지적 갈증을 채우기 위해 공부하는 경우, 또는 새로운 삶에 필요한 학위를 하기 위해 온 경우 등 참으로 다양하다. 그런데 20~30대 학생들이라고 해서 호기심과 열정의 수위가 60대보다 높은 것도 아니고, 그 반대도 아니다. 한 사람 한 사람이 참으로 다른 수위로 호기심과 열정을 품고 있다. 강의실에 앉아 있는 학생들의 눈빛 속에서, 또는 그들이 토론 시간에 보이는 열정이나 호기심의 정도에 따라 어떤 학생은 참으로 젊고, 어떤 학생은 젊음을 상실한 사람임을 발견하곤 한다.

생물학적 나이는 우리의 통제 너머에 있다. 하지만 마음의

모든 존재는 행복할 권리가 있다

나이는 가꿈의 영역에 있다. 마음의 나이를 지속적으로 가꾼다면 돌보는 만큼 젊음을 지켜낼 수 있다. 자신과 타자에 대한 호기심, 새로운 배움과 의미에 대한 호기심과 열정, 그러한 호기심과 열정을 구체화하려는 의지와 실천을 통해 마음의 젊음은 죽음에 이르기까지 지켜낼 수 있다. '마음의 나이'에 대한 관심이 소중한 이유다. 나는 한국 문화가 사적 관계든 공적 관계든, 본인이나 타자의 생물학적 나이에 집착하는 구조가 하루빨리 사라지면 좋겠다는 생각을 하곤 한다. 통제 너머에 있는 생물학적 나이에 집착을 버리고, 우리가 가꾸고 만들 수 있는 마음의 나이에 집중하는 분위기를 확산하는 것, 이것이 진정한 평등 사회를 이루는 데 요청되는 필요조건이기 때문이다.

어떤 비대면 세미나에서 나는 학생들에게 '어차피' 살 것이라면 '젊은 사람'으로 자신의 삶을 꾸리자고 간절하게 말했다. 예상에 없던 나의 짧은, 그러나 '열정적인' 스피치가 끝나자 어느 학생이 다음과 같은 글을 채팅란에 남겼다.

나는 이 수업을,
그리고 수업에 함께하는 사람들을 사랑합니다.

(I love this class and the people in it.)

그날 세미나 주제에 대한 강의보다, 이 즉흥 강의로 학생들의 정겨운 미소를 더 많이 볼 수 있었다. 학생들의 호기심과 미소가 가득한 얼굴이 내 기억 속에 강렬하게 남아있다.

그런데 나의 학생들뿐이랴. 호기심과 열정으로 표현되는 이 생명 에너지는 나를 포함해 이 땅에 살아가는 우리 모두에게 절실하게 필요한 '젊음'을 유지하는 방식일 것이다. '살 것인가, 죽을 것인가'의 질문이 아니라, "'어떻게' 살 것인가"의 질문으로 전환해야 하는 이유다. 。

다가올 우정을 향한
초대장

오 나의 친구들이여, 친구란 없다.

(O my friends, there is no friend.)

자크 데리다는 그의 책《우정의 정치학(The Politics of Friendship)》의 첫 장을 이 구절로 시작한다. 몽테뉴에 의하면 이 말은 아리스토텔레스가 했다고 한다. 여기에서 앞에서 복수로 호명되는 '친구들(friends)'과 두 번째 구절에서 단수로 언급되는 '친구(friend)'는 동일한 존재가 아니다. 그런데 "오 나의 친구들이여"에서의 '친구', 그리고 "친구란 없다"에서의 '친구'란 무엇인가. 이 단순한 것 같은 문장은 나의 일상 세계에서 일어나고 있는 관계들에 대하여 여러 가지를 생각하게 한다.

내가 일하는 대학교에서 7년 동안 일하다가 '종신 교수직'이라고 알려진 테뉴어(tenure) 심사를 통과하지 못해 결국 학교를 떠난 동료 교수 W가 있다. 그는 소위 아이비리그 대학교에서 철학박사 학위를 받고, 테뉴어 조건들을 모두 갖췄기에 무난히 심사를 통과하리라 예측했었다. 그러나 여러 분야 교수들과 외부 심사위원들의 엇갈린 평가가 있었고 지난한 토론 후 투표가 이뤄졌다. 그 투표 결과를 가지고 학장과 총장이 최종 결정을 하게 되는데 투표 결과에 큰 결격 사유가 없다면 그대로 수용하곤 한다. 그런데 최종 결정은 '탈락'이 되었다.

　　W는 물론이고 내게도 충격이었다. 그렇게 평소에 서로 웃고 친한 것처럼 지냈지만, 심사 앞에서 '학문성'의 이름으로 대하는 그 태도들이 참으로 차갑게 느껴졌다. 더구나 누군가의 작업에 대한 '학문적 기여도'는 자신의 관점에 따라 매우 상반된 평가가 가능한데 정말 냉정한 판단이 이뤄졌는지도 의문이었다.

　　W의 테뉴어 결과가 최종 확정되고 한 학기 후, 그는 학교를 완전히 떠나게 되었다. 7년 동안 그가 연구하고, 글을 쓰고, 동료와 학생들을 만나던 공간이었던 연구실을 정리하는 과정을 나는 함께 했다. 그리고 떠나기 바로 전날 그를 식사에 초대했다. 그는 나와 같은 분야였고, 여러 대화를 나누던 동료이기에 아무런 계획도 마련되지 않은 채 우울한 모습으로 떠나는 것이 참으로 마음 아팠다. 마지막 식사를 하면서 그는 대학에서 7년간 형성해 온 '관계'의 공

허성을 이야기했다. 자기가 떠난다고 이렇게 나처럼 식사 초대를 하고, 연구실과 아파트를 정리하는 과정을 함께하는 사람은 별로 없다는 것이다.

W는 다른 교수들보다 친근하게 학생들은 물론 직원과 동료 교수들을 대한 사람이다. 그렇기에 나도 그가 경험하는 '공허한 관계'에 대하여 다시 생각하게 되었다. 그런데 W의 한탄이 낯설지는 않았다. 오래전 한국에서 미국으로 올 때, 나도 경험했던 일이었기 때문이다. 이러한 공허한 관계를 '플라스틱 관계'라고 하자. 멀리서 보면 진짜 도자기 그릇 같지만 가까이서 보면 플라스틱 그릇인 것처럼, 힘들거나 곤경에 처했을 때 아무런 무게도 없는 '플라스틱 관계'들이 얼마나 많이 우리 삶을 지배하고 있는가.

"오 친구들이여, 친구란 없다"에서 말하는 그 '없는 친구'란 무엇인가. 이 구절은 한편으로는 마음 아픈 한탄이기도 하다. 그러나 또 다른 한편으로는 희망의 선언이기도 하다. '진정한 친구, 진정한 관계'에 대한 끊임없는 갈망과 기다림을 내려놓지 않겠다는 결단의 선언이기도 한 것이다. 어쩌면 우리는 상투적인 소위 '친구'라는 관계망을 넘어, 단 한 명이라도 '진정한 친구'와의 우정을 향해 부단히 갈망을 품어야 한다. 그렇게 '다가올 친구(friend-to-come)'와의 만남을 창출해야 한다는 선언인 것이다.

이 선언은 오히려 진정한 친구, 동료, 연인 같은 친밀성의 관계에 보다 근원적으로 생각해 보라는 '초대장'이다. "오 나의 친구들이여"라는 호명을 통해 친구의 실재, 그들과의 우정이 다시 소환되고 의미 부여가 시작된다. 내가 호명하지 않을 때 꽃도, 친구도, 동료도, 연인도 사실상 존재하지만 존재하지 않는다. 나의 삶에 의미로운 존재로 현존하지 않기 때문이다. 첫 구절에서는 복수인 '친구들'이 호명되며, 두 번째 구절에서는 단수인 '친구'를 쓴다.

'친구들'이라는 복수적 호명은 우리 삶의 보편성(generality)의 측면을 드러낸다. 반면 '친구'라는 단수는 모든 관계가 지녀야 하는 개별성(singularity)의 중요한 차원을 드러낸다. 친구 관계를 포함해 여타의 모든 의미로운 관계는 '개별성과의 만남', 즉 '개별적 얼굴과 얼굴의 만남'을 통해 비로소 진정성의 싹이 트이기 시작한다. 개별성이 부재한 '보편성'의 관계, 즉 동창·동문·직장 동료 등 '복수적 관계'에 의해서만 형성되는 관계란 그룹 카톡방에 아무리 수가 많아도 "친구란 없다"의 의미를 적나라하게 드러낸다.

그런데 '친구들'을 호명하고 나서 "친구란 없다"고 하는 것은 도대체 왜인가. 모든 글은 읽는 이의 해석을 요청한다. "친구란 없다"라는 것은 우리에게 보다 아름다운 관계, 보다 행복한 관계를 구성하는 '다가올 우정(friendship-to-come)', '다가올 사랑(love-to-come)'에 대한 낮꿈을 꾸게 하고, 구체적인 결단과 행동을 하게 한다. 그래서 "오 나의 친구들이여, 친구란 없다"는 한편으로는 데리다가 즐겨 쓰는 표현인 '언제나 이미(always already)' 존재하는 우정과 친구의 존재를 다시 호명하고, 상기시키고, 긍정하게 한다. 동시에 또 다른 한편으로는, 그 우정이나 관계는 '이제 됐다'가 아니라, 언제나 보다 더 풍성한 통전적 우정과 관계를 향하여 '낮꿈 꾸기'를 해야 하는 것, 즉 아직 아닌(not yet) 우정, 아직 아닌 관계, 아직 아닌 세계에 대한 갈망을 담아낸다. '언제나 이미'의 관계와 '아직 아닌' 다가올 관계 사이를 치열하게 오가는 삶으로의 초대장이다.

일상적 삶에서 우리는 인식하든 하지 못하든 이러한 초대장을 무수하게 보내고 받는다. 책을 통해서, 대화를 통해서, 편지를 통해서 또는 사색을 통해서 삶을 풍성하게 만들기 위한 초대장을 받기도 하고 보내기도 하는 것이다. 그 초대장을 알아차리고 어떻게 응답할 것인가는 오로지 '나'의 몫이다. 낮꿈을 꾸는 사람들은 자신의 낮꿈의 정체가 무엇인지, 자신이 어떠한 삶을 살고 싶고, 어떠한 세계에서 살고 싶은지에 대한 구체적 사유를 멈추지 않는다. 인간과 동물의 가장 확연한 차이 중 하나가 이러한 낮꿈 꾸기, 보다 풍성한 관계로의 갈망, 그 갈망을 향한 구체적인 결단과 행동의 선택이다.

"우정의 천재(genius of friendship)"라고도 불리는 한나 아렌트는 '우정'이란 "살아있음의 생생한 방식(active mode of being alive)"이라고 한다. 아렌트에게 우정은 단지 사적이고 개인적인 삶만이 아니다. 공적인 정치 영역에서도 매우 중요한 자리를 잡고 있다. 삶의 토대를 이루는 심오한 우정의 관계를 만들고, 가꾸고, 지속하는 것은 오랜 시간의 의지, 끈기, 노력, 열정이 상호 작동되어야 한다. 아무것도 자동적으로 오지 않는다.

한나 아렌트는 참으로 파란만장한 삶을 살았다. 유대인인 그는 히틀러가 권력을 잡기 시작하면서 1933년 독일을 떠나 프라하와 제네바를 거쳐서 파리에서 망명 생활을 한다. 그다음에는 프랑스도 떠나야 해서 1941년 다시 미국으로 망명을 간다. 이후 1951년 미국 시민권을 받기까지 18여 년 동안 아렌트는 '국가 없는 사람(stateless person)'으로 살아야 했다. 갖가지 역경의 시간을 보내면서 무엇이 아렌트를 지탱해 주었을까. 아렌트를 지켜준 것은 어쩌면 다양한 방식의 우정이었을 거라는 생각이 든다.

요즘처럼 이메일 같은 간편한 소통방식이 없을 때, 아렌트는 치열하게 그 '친구들'과 편지를 주고받는다. 주로 손으로 편지를 쓰고, 우체국에 찾아가 우표를 사서 붙여서 보내는 것은 웬만한 노력과 열정이 아니면 어렵다. 편지만이 아니다. 나치 지배하에 친구 야스퍼스가 유대인 부인으로 인해 형편이 어려워지자, 자신도 빈곤한 생활을 하고 있으면서도 먹을 양식을 소포로 보내곤 한다. 이러한 아렌트를 '우정의 천재'라고 하는 것이 어쩌면 너무나 당연한 것 같다. 아렌트에게서 우정이란 '구체적 실천(friendship as practice)'의 의미를 지닌다. 아렌트가 얼마나 자기 자신, 그리고 타

모든 존재는 행복할 권리가 있다

자와 우정을 가꾸고 풍성하게 만들기 위해 지속적으로 노력했는지는 하이데거Martin Heidegger, 야스퍼스Karl Jaspers, 메카시Mary McCarthy, 블뤼허Heinrich Blücher, 그리고 숄렘Gershom Scholem과 나눈 5권의 서간집을 보면 알 수 있다.

친족은 개인의 선택권 없이 외부로부터 주어진다. 하지만 우정은 '자발적 선택'에 의한 관계다. 아렌트는 무엇보다도 스스로와 친구가 되지 못하는 사람은, 타자와 친구가 될 수 없다고 한다. 자기 자신과 친구가 되는 것은 '자신에 대한 의무(duty to myself)'이기도 하다.

'우정'이 굉장히 복잡하고 추상적인 것만은 아니다. 진정한 관계나 친구가 무엇인가 하는 것은 사람마다 다를 것이다. 내가 생각하는 '진정한 관계'란 친구든, 연인이든, 가족이든, 구체적인 삶에서 어려움과 아픔이 있을 때 그 고통을 함께하고 나누는 '연민의 관계'다. 서로의 잘난 점만이 아니라 못난 점, 타자에게는 쉽게 드러내지 못하는 내면적 갈등과 고민, 그리고 씨름하고 있는 딜레마를 나눌 수 있는 '포용의 관계'다. 그 어떤 것을 드러내도 '정죄와 심판적 시선'이 아니라, 존재 전체를 품어주는 관계다. '주고받음'이라는 '교환경제의 틀(economy of exchange)'에서 홀연히 벗어나 서로의 존재 자체를 통째로 끌어안아주는 관계다. 아마 많은 이가 이렇게 물을 것이다. 그런데 도대체 그런 우정이 가능한가?

물론 불가능해 보인다. 그런데 쉽게 가능한 것이라면 그렇게 갈망할 필요가 없는 것 아닌가. 오히려 '불가능한 것'이기에 끊임없이 갈구하고, 만들어 가고, 창출해 가야 한다. 나는 이 '불가능성의 열정과 갈망'이 바로 '플라스틱 관계'를 넘어서고자 하는 중요한 출발점이라 본다. 쉽게 가능한 것이 아니기에 갈구해야 하며, 그래서 더욱 소중한 것이다. '플라스틱 관계'를 넘어서서 '진정한 관계'를 만들어 가는 데 가장 우선적으로 관심해야 하는 것은 무엇인가. 그 누구보다도 우선 자기 자신을 '진정한 친구'로 만드는 것이다.

나는 마음이 울적할 때, 나와의 관계를 가꾸는 몇 가지 예식을 한다. 젊음을 뿜어내고 있는 학생들이 가득한 캠퍼스를 걷기도 하고, 또 대학 내 다양한 공간들에서 이벤트를 찾아가기도 한다. 캠퍼스든 음악회 공간이든 이러한 '제3의 공간' 속에서, 나는 또 다른 나와 만난다. 나의 삶을 되돌아보기도 하고, 여러 모습의 내 존재를 '통째로' 끌어안는 연습을 하며, 나 자신에게 글을 쓰기도 한다.

결국 우리 삶에서 최후까지 동행하는 존재는 나 자신이다. 아렌트는 "자기 자신을 사랑하지 못하는 사람은 타자를 사랑할 수 없다"고 한다. 이것은 참으로 중요한 지점이다. 내가 나의 진정한 친구가 될 수 있을 때, 비로소 타자와도 진정한 관계를 만들어 갈 수 있기 때문이다.

'플라스틱 관계'가 도처에 있는 현대 사회에서, 쉽게 '친구' 또는 '사랑'이 소환되는 이 현대 사회에서, 우리는 다음 구절을 종종 자신에게 상기시켜야 한다.

오 나의 친구들이여, 친구란 없다.

이 말은 계산을 넘어 연민, 미소, 신뢰를 나누는 '친구'에의 갈망을 품으라는 권고다. 내가 누군가에게 이런 친구가 되고, 이런 친구를 찾아야 한다는 강력한 '권고'인 것이다. 더 나아가 열정과 끈기의 소중함을 품고, 진정한 관계의 정원을 지속적으로 가꾸어 나간다는 '결단의 선언'으로 만들어야 할 것이다. ﹒

고독은 나의 고향

                             독일 부퍼탈(Wuppertal)에서 열리는 콘퍼런스에서 강연하기 위해 오랜만에 독일에 왔다. 월요일부터 콘퍼런스가 시작되기에 토요일 오후와 일요일에는 참으로 오랜만에 온종일 걸었다. 새로운 도시를 여행할 때 나는 대학과 대학 주변을 목적 없이 홀로 걷는 걸 제일 좋아한다. 사람들과 함께 다니면 소위 '유명한' 여행지를 방문해야 하고, 계속 대화해야 한다. 그래서 정작 내가 가고 싶은 대학이나 헌책방들, 그리고 작은 골목들을 다니기 어렵다. 또 현지에서 만나는 사람들과 대화하는 것도 쉽지 않다. 혼자 다니는 것의 장점은 자유롭게 시간과 공간을 할애할 수 있다는 점이다. 한참 여기저기 마음 내키는 대로 걷다가 다리가 아프면 어느 작은 카페에 들어가서 커피 한잔을 앞에 놓고 다

        모든 존재는 행복할 권리가 있다

양한 사람들을 바라보고, 뭔가 생각이 나면 노트에 남기기도 하는 여유를 가질 수 있다. 또 여행객이나 현지인들과 대화를 나눌 수도 있다.

늘 여러 마감일의 리스트가 길다. 그렇지만 이 주말은 마감일들을 의도적으로 괄호 속에 넣고 작업은 미국으로 돌아가는 비행기에서부터 하리라 마음먹었다. 아침부터 도시의 크고 작은 길들을 걸었다. 내가 머무는 곳 주변의 아름다운 공원을 지나 작은 개울을 만나고, 골목길도 걷고, 도시 한가운데 있는 커다란 아름드리나무 아래 테이블에서 커피와 케이크를 앞에 놓고 오랜만에 여유 있는 시간을 가졌다.

나는 이것을 '고독 예식'이라고 부른다. 이러한 고독 예식은 내가 나를 인간화(humanizing)하는 소중한 예식이다. 익숙한 공간을 떠나 이러한 탈일상성의 공간에서 '고독 예식'을 하게 된 것은 줄곧 책상 앞에서 지내는 내게 오랜만에 주는 사치스러운 선물이기도 하다.

독일은 내가 대학 시절 전혜린과 루이제 린저를 읽으며, 그리고 니체와 실존철학자들을 접하며 내 마음속에서 강렬하게 '정신적 고향'처럼 느끼던 공간이다. 한국에서 대학원 과정까지 하면서 영어학원에 다닌 적은 없지만, 장충동에 있다가 남산으로 옮긴 독일문화원 '괴테 인스티튜트(Göthe Institut)'에 독일어를 배우려 열심히 다닌 적이 있다. 똑같은 단어라도 한국어나 영어로 '자유(Freiheit)'와 '희망(Hoffnung)'을 말하면 아무런 감동이 없는데, 독일어로 말하면 가슴이 벅찬 감동을 느끼던 시절이었다. 나의 대학 시절은 삶의 의미물음을 가지고 번민하며 좌충우돌하던 시기였다. 내가 몸담고 있는 '세계-너머'의 보다 큰 자유와 희망의 세계를 꿈꾸는 것이 이 독일어 단어들로 상징되는 느낌을 가졌던 시기였다. 나는 지금도 이 두 단어를 뚜렷한 이유 없이 무조건 좋아한다. 내가 사적으로 쓰는 이메일 계정에는 이 '희망'이라는 독일어를 포함하고 있다.

부퍼탈대학교에서 가르치고 있는 교수와 대화를 나누면서, 독일에 대한 나의 여전한 향수의 정체가 무엇인지 다시 끄집어내어 생각해 보았다. 독일에 대한 다양한 표현들이 있겠지만, 내가 좋아하는 분위기 중의 하나는 왠지 '고독'이 가능한 공간이라는 점이다. '고독(solitude)'은 그 기능과 결과에서 '외로움(loneliness)'과는 다르다. 사유하기는 고독의 시공간을 필요로 한다. 또한 고독의 시공간은 자신이 자신과 대면하는 데 반드시 필요하다. 진정으로 자신과 함께 있는 법을 연습하고 배우지 못하면, 타자와 진실로 함께 있음도 알 수 없다. 사유하기에서 요청되는 것이 고독의 시공간임을 강조한 철학자들은 참으로 많다. 돌이켜 보니 독일어 개념들, 그리고 그 개념들과 연계된 다양한 사상들은 내게 이러한 사유와 그 사유하기에서 중요한 '고독'의 의미를 가르쳐준 것 같다.

내가 나일 때, 나는 너다.

(I am you, when I am I.)

내가 좋아하는 파울 첼란Paul Celan의 시구다. 이 시구는 '너'
와 함께하는 삶은 '나'를 지켜내고, 확장하고, 가꾸는 것을 꾸준하
게 해나갈 때 비로소 가능하다는 것을 상기시킨다. 너에 대한 연민
과 연대, 그리고 '함께 살아감'의 전제조건은 내가 나를 동반자로
받아들이고, 그 나를 성숙하게 하고, 나와 지속적인 대화를 하는 것
이다. 한나 아렌트가 "악은 비판적 사유의 부재"라고 하면서 "비판
적 사유란 내가 나와 가지는 대화"로부터 시작된다고 한 배경이다.
나를 사랑할 줄 모르는 사람이 타자를 사랑할 수는 없다. 그리고
무엇이 '나 사랑'인가는 각자가 씨름해야 할 중요한 과제다. 즉 타
자의 희생에 근거한 이기성이 아니라, 나를 가꾸고, 확장하고, 삶의
의미와 행복을 넓혀가는 의미에서 '나 사랑'의 고정된 매뉴얼이 없
기에 스스로 생각해 내야 하는 것이다.

숙소에서 조금 걸어 나가니 '디트리히 본회퍼 길(Dietrich-
Bonhöffer-Straße)'이 있고 버스정류장 이름도 '본회퍼 길'이다. 독일
에서는 많은 이가 그를 '성인(saint)'으로 여긴다고 한다. 다양한 사

상가들이 곳곳에서 거리 이름으로 등장하면서, 그들의 사상적 유산을 '보통 사람'들의 일상적 삶 속에서 상기시키고 있다. 스스로도 용납하기 힘들어하는 부끄러운 과거사인 나치의 경험을, 그 나치의 철저함만큼 철저한 자기비판과 역사적 참회로 제도화하고 있는 독일을 보며, 여러 가지를 생각하게 된다.

극장에서 예배를 여는 교회, 거리의 콘돔 자판기는 전통을 중요시하는 독일 사회가 새로운 시대적 요구에 변화하는 모습을 일부 보여준다. 그럼에도 일요일에 거의 모든 상가가 문을 닫는 '일요일 휴식(Sontag Pause)' 제도는 여전히 건재하고 있는 것을 본다. 처음에는 종교적인 이유에서 시작했지만, 이제는 종교적인 이유에서만이 아니라, 노동자들도 인간으로서 쉬어야 한다는 의미로 '일요일 휴식' 제도가 유지되고 있다고 한다. 자본주의의 물결 속에서 언제까지 버틸 수 있을지 모르지만, 버틸 때까지 버텨야 한다고 동료 교수는 강조한다.

인간이라면 그 누구든 '인간이라는 이유 하나만으로' 모든 권리가 주어져야 한다는 '칸트적 코즈모폴리터니턴 권리와 환대' 철학이 독일의 일상 세계 곳곳에 자리 잡고 있다. 여러 가지 문제에도 불구하고 독일은 '함께 살아감'에서 요청되는 '함께 나눔'의 의미를 제도화한 사회라는 생각이 다시 든다. 독일은 내게 한국 또는 미국과 참으로 다른 제도적 나눔의 중요성을 처음으로 체험하게 해 준 곳이었다. 그래서 더욱 각별하게 다가오는지 모른다.

모든 존재는 행복할 권리가 있다

탈일상성의 공간인 독일의 어느 도시에서 이러한 고독-예식을 하며, 살아있음의 소중함과 그 과제들을 다시 생각한다. 자코메티의 〈걸어가는 사람〉이 떠오른 것도 바로 이 독일의 숲길을 걸으면서였다.

어디로 가야 하는지 그리고

그 끝이 어딘지 알 수는 없지만,

그러나 나는 걷는다.

그렇다. 나는 걸어야만 한다.

살아남은 우리 모두, 불확실성의 미래를 끌어안으며 끈기 있게 걸어야만 하는 것이다.

이러한 불확실성의 삶에서 미래를 예측하기란 불가능하다. 그러나 어디로 향하는지 몰라도 우리는 "걸어야만 한다." 그 걸음을 걷기 위해 내가 나와 만나는 '고독의 시공간'을 가꾸고 소중하게 만들어 가는 것은 중요하다. 자신과 함께하는 고독을 고향으로 삼는 이들이 비로소 타자들과 진정한 '함께의 삶'을 살아낼 수 있기 때문이다. ◦

'존재의 부채'를 안고
사는 삶

2019년 말 불거지기 시작했던 코로나 팬데믹은 당연하다고 생각하던 것들을 근원적으로 다시 들여다보게 하는 계기가 되었다. 2020년 11월 미국에서 한국으로 들어왔을 때, 14일간 자가격리를 해야 했다. 그때의 경험은 새로운 경험과 성찰의 계기가 됐다.

서울 연희동의 한 작은 스튜디오에서 자가격리를 하면서 하루를 시작하는 '아침 예식'을 가지곤 했다. 아침에 일어나면 작은 스피커로 음악을 나지막이 틀어 놓는다. 그리고 빗자루로 방바닥을 쓸어낸다. 그다음에 여행용 드리퍼로 커피를 내리고 아침 식사 준비를 한다. 미국에서 나는 주로 스탠딩 데스크를 사용하는데 스튜디오에서는 물건을 담아놓은 상자로 임시 스탠딩 책상을 만들

모든 존재는 행복할 권리가 있다

어 썼다.

자가격리가 힘들거나 불편하지는 않은지 염려하는 지인들에게 전기와 난방이 들어오고 세탁기와 침대, 그리고 샤워 시설이 구비된 호화로운 캠핑 생활을 하는 것 같다고 말하곤 했다. 처음에는 힘들었지만 차츰 적응하면서 새로운 생활방식을 만들어 갔다. 화상통화와 전화로 방 밖의 사람들과 소통하면서 살아가는 데 서서히 익숙해지고 있었다.

고립된 공간에서 지내며 두 가지 생각이 나를 찾아왔다. 우선 평소에는 나 혼자 살아가는 것 같다고 생각했던 것들이 사실상 무수한 '너'들에 의하여 가능했다는 것, 그리고 우리가 가담하고 있는 다양한 얼굴의 '생태학적 죄(ecological sin)' 앞에서 느끼는 딜레마다.

자가격리는 전적으로 타자의 배려, 타자의 노동, 타자의 의지가 없으면 불가능한 것이다. 팬데믹 초창기부터 상당 기간, 정부에서는 자가격리하는 사람들에게 음식과 생활관리 등 다양한 지원을 했다. 하지만 아무리 정책이었다 해도 그것은 결국 사람의 손으로 이뤄진 것이다. 공무원들과 의료진의 수고가 없었다면, 봉사하는 이들의 마음이 없었다면 자가격리라는 시스템은 유지될 수 없었을 것이다.

자가격리하는 동안 이런 공적인 손길 외에도 다양한 마음들을 만났다. 어떤 분은 이런저런 음식을 택배로 보내주셨다. 내가 먹기 편하도록 작은 크기의 감자전, 특이한 만두, 맛난 김치와 오이 피클, 곶감, 그리고 양념장을 보내주셨다. 작은 플라스틱 약병에 넣은 양념장에는 '만두, 감자전 간장'이라는 설명 레이블까지 붙이셨다. 이 택배를 받고서 상자 안을 가만히 들여다 보았다. 보내신 분의 따스함이 고스란히 담겨있었다. 나와 아무런 이해관계도 없는 분이다. 내게 이런 것들을 보내느라 마음 쓰면서 음식을 만들고, 포장하고, 우체국에 가서 보내기까지의 그 과정을 생각하니 마음이 숙연해진다. 내가 이렇게 타자로부터 따스한 배려를 받는다는 것—결코 당연하게 생각할 수 없는 일 아닌가. 이렇게 아무런 조건이나 이해관계 없이 내게 보내는 타자의 배려와 돌봄으로 나의 자가격리 생활은 훈훈하게 시작되었다.

낯설고 삭막하겠다고 예상했던 스튜디오가 누군가의 배려와 환대의 몸짓이 개입되자 풍성한 공간으로 바뀌기 시작했다. 가까운 서울부터 멀리 제주도에서까지 하나하나 열거할 수 없을 정도로 분에 넘치는 배려와 돌봄의 선물들을 받았다. 음식은 물론 책과 장미꽃까지 작은 방을 찾아왔다. 나의 하루를 풍성하게 채워준 돌봄의 패키지는 단지 육체적 생존만이 아니라 정신적 생존에 소중한 의미를 경험하게 했다. 한국에서 자가격리를 하면서 나와 개인적 친분이 없는 분들로부터 환대와 배려를 경험하게 될 것이라고는 전혀 예상하지 못했다.

　　　　　모든 존재는 행복할 권리가 있다

"우리는 어디에서 왔고, 우리는 무엇이며, 도대체 어디로 가고 있는가." 고갱의 그림 제목이다. 그런데 이 말은 단지 미술품 제목으로만 머물지 않는다. 이 문장 안 질문은 우리 모두가 인식하든 하지 않든 살아가면서 품는 물음이기도 하다. '자가격리'라는 특이한 시공간은 내게 한 사람의 삶이란, 결국 타자의 환대와 배려, 돌봄과 연대를 통해서만이 그 의미를 지님을 알려주었다. 또 우리 모두의 삶이란 유한하다는 것, 그 누구도 이 땅에서 '절대적 소유권'을 주장할 수 없음을 상기시켰다.

그런데 나를 위해 무언가를 보내는 분들의 마음을 받을 때, 또 내가 주문한 물품을 받을 때 중간 역할을 하는 분들이 있다. 택배 노동자들이다. 새벽에 배달하고 문자를 남긴 택배 노동자들에게 내가 기껏 할 수 있는 일이란 '고맙다'는 답신을 보내는 것뿐이다. 그들이 노동의 대가를 제대로 보상받지 못하는 현실을 알고 있기에, 이렇게 택배 노동자들의 수고로 내가 생존하고 있다는 것이 계속 마음에 남는다.

배달 음식을 처음 방에서 먹어 본 이후, 나는 먹지 않기로 마음먹었다. 한 끼니에서 나오는 일회용품 쓰레기가 놀라웠다. 나는 미국에서 일회용품 사용을 최소화하기 위해 가능하면 늘 텀블러를 가지고 다니고, 시장을 볼 때도 에코백을 사용한다. 그런데 이렇게 한 끼 식사를 위해 버려지는 비닐 등이 너무 지나치다는 생각이 들었다. 그래서 대안으로 생각한 것이 최소한의 '요리 과정'으로 먹을 수 있는 것들을 한 번에 주문하는 것이다. 그럼에도 그 음식 재료가 내게 배달되기 위해, 여전히 일회용품들을 사용해야 한다는 딜레마는 벗어나기 힘들었다.

'생태학적 죄'라든가 '비행 죄(sin by flight)' 같은 개념들의 등장은 인간의 편의와 욕망으로 파괴되는 것들이 무엇인지 드러낸다. 우리가 무심히 하는 행위들 하나하나가 이 생태계를 파괴하고, 그 파괴된 생태계가 빚어내는 문제들은 인간을 포함한 모든 생명에게 고스란히 남겨진다. 비행기 탑승, 자동차 운전, 에어컨 사용 등 전기 소비, 과도한 육식, 무차별적 일회용품 사용 등 우리가 범하는 생태학적 죄의 리스트는 끝이 없다. 택배로 받는 포장지들(스티로폼, 비닐, 일회용 그릇 등)을 보며 이 모든 것을 소비하며 살아가는 삶의 구조를 떠올렸다. 이것은 우리가 지속적으로 상기해야 할 일상의 과제다.

'범죄(crime)'와 달리 '죄(sin)' 개념은 전통적으로 종교적 함의와 연결되어 있었다. 하지만 이제 그 '죄'는 종교적 영역을 훌쩍 넘어 인간 삶의 모든 영역으로 확장되었다. '범죄'를 저지르면 법의 범주 안에서 처벌받는다. 그런데 현대 사회에 등장하는 다양한 '죄'는 많은 경우 법적 대가를 치르지는 않기에 '죄'라고 인식하지 못한다. 그러나 그 결과는 회복 불가능한 파괴성을 지니고 있는 경우가 많다.

'택배 천국' 또는 '배달의 민족'이라 한국을 지칭하는 용어들은 편리함을 이유로 우리가 '생태학적 죄'를 그만큼 더 빠르고 깊숙하게 뿌리내리게 한다는 것을 의미하기도 한다. 어떻게 '덜' 소비하고, '덜' 생태학적 죄를 짓고, '보다' 충일한 존재로 살아갈 수 있는가. 이 물음은 21세기 인류에게 던져진 가장 중요하고 긴급하게 씨름해야 할 질문이다. 거창한 정치적 차원에서만이 아니라, 이 소소한 일상의 영역들에서 고민해야 하는 것임을 다시 상기한다.

신은 아브라함에게 익숙한 공간인 '고향을 떠나라'고 한다. 왜 떠나야 하는지 이유는 없다. 아브라함은 고향을 떠나면서 '뿌리 뽑힌 삶(uprooted)'을 살게 된다. 익숙한 땅을 떠나 디아스포라로 '뿌리 뽑힌 삶'을 사는 것은 무엇을 의미하는가. 그것은 타자의 환대에 의존하는 삶을 의미하며, 동시에 그 어떤 절대적 소유권을 주장해서는 안 된다는 것을 뜻한다. 이 디아스포라적 삶을 사는 것으로부터 '아브라함적 종교(유대교, 이슬람, 기독교)'가 출발한다.

우리의 삶이란 결국 '디아스포라의 삶'이다. 다양한 경계들 사이에서 살아가는 것이다. 삶과 죽음, 중심과 주변, 홀로와 함께, 앎과 삶, 나와 우리 등 인간은 인식하든 하지 못하든 다층적 경계들 사이에서 살아간다. 그러한 경계들 사이에서 사유하고, 개입하고, 살아가는 나·우리의 삶이란 결코 중심에서 소유권을 주장하는 '현지인'의 삶이 될 수 없다.

자가격리만이 아니라, 우리의 삶 자체가 무수한 '너'의 존재가 아니면 불가능하다. 그 '너'들 속에는 아무런 이해관계 없이 타자를 배려하는 이들, 일상적 필요가 채워지도록 중간 역할을 하는 이들, 농사를 짓고, 배달을 하고, 현실의 구석진 곳들에서 노동하는 이들, 이 모두가 바로 우리를 살아있게 하는 '너'들이다.

자가격리의 시공간, 그 디아스포라 시공간에서 아무 조건도, 이해관계도 없이 환대와 돌봄으로 나를 풍성하게 해 주신 모든 분, 따스한 배려의 마음을 보내준 이들, 농부들, 택배 노동자들, 이러한 다양한 얼굴의 '너'들의 존재 없이 나의 생존과 삶이란 불가능했다. 존재한다는 것은 타자에게, 자연에게 이렇게 갖가지 '부채'를 떠안고 살아가는 것이다. 어떻게 내 존재의 부채를 갚아야 할까. 계속 생각하면서 아주 작은 것이라도 시도하는 하루를 살아가야 한다. ◦

좌절과 절망감,
삶의 동반자로

코즈모폴리터니즘 세미나에 들어오는 S라는 학생이 만나고 싶다는 이메일을 보내왔다. 이메일 제목을 보니 "좌절들(frustration)"이다. 선생을 만나고 싶은 이유가 자신 속의 '좌절감' 때문이라고 솔직하게 드러낸 것에 나는 눈길이 갔다. 대부분의 동료나 학생들은 '어떻게 지내는가'라는 인사에 아무리 힘들어도 '잘 지낸다'라고 한다. 그런 문화 속에 우리는 산다. 자신이 힘들다고 밝히는 것은 웬만큼 가까운 사이가 아니면 하지 않는다. 자신을 약자의 위치에 두는 것으로 생각하기 때문이다. 이렇게 우리는 점점 '가식의 문화'를 생산·재생산하면서 진정한 소통이 불가능한 삶 속으로 빠져든다. 이러한 문화에서 내가 지금 좌절감 때문에 힘들다고 교수에게 속마음을 드러낸 학생이 고맙고 한편으로는 안심도 되었다. 그의 좌절감의 정체는 무엇인가. 그와 줌으로 만나 한 시간 정도 이야기를 나누었다. 코즈모폴리터니즘 세미나는 오래전부터 가르쳐 온 것이지만, 이번 학기 학생들의 분위기는 각별하다. 코로나 사태를 경험하면서 전통적인 방식으로 이 세계를 보는 것은 더 이상 작동하지 않는다는 것을 절실하게 경험했기 때문이다.

국가 경계를 넘어 코즈모폴리턴의 정의·환대·연대를 실천하고 모든 이의 인간 권리를 확장하는 것은 어떻게 가능한가. 생물학적 생존에 가장 기본 요소인 먹을 것, 거주할 곳이 없는 사람들이 세계 도처에 있다. 코로나 사태에서 손을 자주 씻고 사회적 거리를 유지하는 가장 기본적인 가이드라인을 지키는 것조차 불가능한, 그것이 '사치'인 사람들이 이 세계에 수없이 많았다. 이런 현실 앞에서 개인들이 무엇을 할 수 있는가. 거대한 경제·정치적 제도와 구조 속에서 한 개인이 할 수 있는 것은 무엇인가. 우리의 현실 세계의 복잡성을 알면 알수록 이전에 보이지 않던 것들이 보이고, 아무렇지 않았던 것들에 대해 고민하고, 딜레마를 경험하게 된다. 그러면서 무기력감과 좌절, 절망감은 커진다. 나의 학생 S를 힘들게 만든 "좌절감"의 내용이었다.

우리 삶에는 외면적으로 보면 상충적인 것들, 공존할 수 없는 것 같은 반대 경험이 실제로는 함께 간다. 한때 나는 인간의 이성과 합리성을 동원해 분석하고, 문제 원인과 해결 방식을 찾아내면 앞에 놓인 딜레마들을 해결할 수 있다고 굳건히 믿었었다.

철학의 과제는 문제들에 대한 명증성, 논리, 정밀성의 제시가 아닌가. 분석철학자들이 생각하는 철학의 책임이기도 하다. 그런데 이러한 분석철학적 입장이 인간의 삶을 드러내기에는 지독한 한계가 있음을 보기 시작했다.

나를 포함해 많은 사람의 삶을 바라보다 보니 우리의 살아감이란 확실성보다는 불확실성, 명증성보다는 불투명성이 지배하고 있다는 것을 느꼈다. 또 딜레마가 부재한 삶이란 불가능하다는 것도 보이기 시작했다. 절망감, 좌절감 또는 딜레마는 그 종류와 그것을 바라보는 시선이 바뀔 뿐 언제나 삶에 자리 잡고 있다는 것이다. 그래서 '한편으로는… 그리고 또 다른 한편으로는'이라는 '더블 제스처(double gesture)'는 중요한 인식의 장치다. 나는 이를 나 자신만이 아니라 학생들에게도 강조한다.

'한편으로(on the one hand)' 인간의 삶은 완벽하지 않기에 다층적 좌절과 절망감을 경험하며 살아갈 수밖에 없다. 우리의 통제-너머에 문제들이 산재해 있기 때문이다. 삶은 우리가 인식하고 알아차리기 시작하는 문제들과 딜레마들로 가득 차 있다. 좌절과 절망감, 무기력함이 자리 잡는 지점이다. 그런데 살아있다는 것은 거기서 새로운 과제를 지닌다. '또 다른 한편으로(on the other hand)' 우리는 절망과 낙담 한가운데서, 변화의 희망을 품고 한 발짝씩 걸음을 내딛는 삶을 살아가야 하는 것이다. 낙관과 희망에는 결정적 차이가 있다. 낙관은 데이터에 근거하지만, 희망은 꿈꾸는 세계를 향해 씨름하고 고민하는 그 과정 자체에 있다는 점이다.

나는 S와 이런 나의 이야기를 나누었다. 그가 지닌 고민과 좌절감을 단번에 해결할 해답을 그 누구도 제시해 줄 수 없음을 말해 주었다. 또 단순한 낙관주의가 아니라 이 삶의 복합성을 보면서 자신이 할 수 있는 것들을 조금씩 하는 것뿐이라며 내 삶의 여정에서 사유 세계가 바뀌었던 경험을 나누었다. 그런데 나는 S가 고민하고 있다는 것, 심한 좌절감을 느끼기 시작했다는 것 자체가 반가웠다. 치열하게 사유하지 않는다면, 이런 좌절감조차 느끼지 않을 것이기 때문이다. S의 좌절감은 S가 세미나에서 읽고 토론하는 주제들을 자신의 구체적 삶과 연결시키는 그 진정한 '배움'의 여정에 들어서 있음을 보이는 것이기도 하다.

아는 것만큼 이 현실 세계 문제들의 복합성이 보인다. 우리의 보기 방식이 '자서전적'인 이유다. 앞으로 S는 더욱더 많은 문제, 딜레마들을 보고 듣고 만나게 될 것이다. 좌절과 절망감이 찾아와 잠 못 이루는 무수한 밤이 있을 것이다. 그런데 그러한 좌절감이 찾아올 때 '인생의 적'으로 거부하지 말자. 오히려 내 삶에 찾아오는 친구로, 동반자로 맞이하는 연습을 해야 한다. 그래서 '한편으로는' 그 좌절과 절망감을 자신 속에 품고, '또 다른 한편으로는'

　　　　　모든 존재는 행복할 권리가 있다

자기 삶의 정황에서 변화를 위해 할 수 있는 일을 하나씩 해나가는 것이다.

선생인 나는 나의 학생들이 자신, 타자, 이 세계를 바라보는 '보기 방식'에 새로운 변화가 오도록 가르치고, 글을 쓰고, 연구하는 일 자체가 나를 그 깊은 좌절감으로부터 끄집어내는 방식이다. 나의 학생 S는 자신의 정황에서 자기 삶을 아름답고 풍성하게 가꾸어가면서, 주변에 개입하는 방식을 조금씩 연습할 것이다.

나와 S가 경험하는 좌절감의 정체, 그리고 그 좌절감을 넘어서는 방식은 각기 다르다. 그러나 우리는 이렇게 예상치 않은 방식으로 좌절과 절망감의 늪 속에 빠지지 않도록, 서로에게 손을 뻗쳐서 끄집어내어 주는 '동료-인간'이다. 그는 나에게 고맙다고 했지만, 나는 그가 고마웠다. 그와 이러한 이야기를 나누면서 나도 내 속의 절망감에서 한발짝 나오도록, 그렇게 미소 짓도록 그가 도와주었기 때문이다

오늘도 삶의 동반자를 품고서 한 발짝 발걸음을 내디딘다. 나도, 나의 학생 S도, 또한 이 글을 읽고 있는 곳곳의 동료-인간들도. ○

다양한 생명들과의 만남

어느 10월의 하루가 저물어 가고 있다. 한동안 전형적인 텍사스 날씨인 햇빛 쨍쨍한 나날이었는데 요즈음 며칠은 부슬비가 대지에 떨어진 낙엽을 축축하게 적시는 잿빛 날씨가 이어지고 있다. 텍사스와 어울리는 날씨가 아니어서인지, 이곳에 산 지 꽤 오랜 시간이 흘렀는데도 이런 날씨는 나를 텍사스가 아닌 다른 공간으로 이동시킨다.

독일 유학시절에 경험했던 잿빛 날씨는 내게 참으로 익숙했다. 어둑어둑한 하늘에서 소리 없이 내리는 비를 맞으며 내 키에는 맞지 않게 작은 중고 자전거를 타고 학교를 오갈 때, 나는 축축한 잿빛이 아닌 햇빛 찬란한 하늘이면 참 좋겠다는 생각을 종종 했다. 그런데 되돌아보니 잿빛 하늘은 지독한 우울함을 가져다 주기

모든 존재는 행복할 권리가 있다

도 했지만, 나만의 내면 세계로 깊숙이 집중할 수 있는 생명 에너지를 주기도 했다는 생각이 든다. 유토피아 사상에 관심을 가지게 된 것은 아마 잿빛 하늘 덕분이었는지도 모른다. '지금 여기'에는 없지만, '아직 아닌' 미래에는 가능할 수 있는 보다 나은 세계에 대한 동경과 갈망이 유토피아 사상의 특성 아닌가.

　　이런 잿빛 하늘의 날, 환한 미소의 얼굴, 슬픔이 고인 얼굴, 좌절과 절망감의 그림자가 깃든 얼굴, 기대와 갈망의 절절한 눈빛을 품은 얼굴 등 여러 얼굴이 떠오른다. 살아감이란 다양한 얼굴들, 다양한 생명들과의 만남의 여정이기도 하다.

　　미국 대학에 와서 좌충우돌 과정을 거치면서 〈이데올로기와 유토피아〉라는 제목으로 학위논문을 쓰게 되었다. 논문 주제를 정하기 위해 많은 대화를 나누었던 나의 지도교수는 독일에서 대학을 다닌 사람이다. 그를 나의 지도교수로 정하고서 만났을 때, 독일식으로 하면 '박사 어머니(독토르 무터, Doktor Mutter)'라고 해야 하는데, '박사 자매'(한국말로 하니 조금 어색하지만), 즉 '독토르 쉬베스터(Doctor Schwester)'로 생각하라고 따뜻하게 웃으며 내게 제안했다 미국에서는 박사논문 지도교수를 '어드바이저(advisor)'라고 하는데, 독일에서는 '박사 아버지/어머니'라고 부른다. 이 호칭 자체로 학생과 지도교수의 위계적 관계가 자연스럽게 형성되는 것이다.

지도교수는 내가 왜 '유토피아'라는 주제에 관심하게 되었는지, 그 당시 서툰 독어와 서툰 영어를 섞어 두서없이 말할 때도 내가 표현하는 것보다 더 깊숙이 나를 이해해 주는 것 같았다. 나는 비로소 나를 '이해하는 사람'을 만난 것 같아서 감격스러웠다. 교수 연구실에서 대화하며 눈물을 참으려 애쓰던 순간이 참으로 많았다. 복잡한 개념과 사유 세계를 접하면서 그 새로운 세계를 자기 삶 속에 체현할수록, 주변 사람들로부터 특히 가족이나 친구 등에게 이해받는 것이 점점 어려워진다. 그런데 누군가로부터 진정으로 이해받는 경험을 가지는 것은 얼마나 소중한 선물인가. 지금도 생생하게 기억나는 감동적인 경험이었다.

나의 내면 깊숙이 있는 갈망, 바라는 세계, 바라는 관계들에 대한 여러 사유 세계를 표현할 때 지도교수는 진정으로 귀 기울이며 공감해 주었다. 그리고 그것을 긍정하면서 논문을 쓰도록 나를 학문 세계의 들판에 자유롭게 '방목'해 주었다. 그런 선생을 만난 것은 참으로 큰 행운이었다. '과정 철학'이 그의 전공 분야였지만, 자신의 분야로 학생을 제한하는 다른 교수들과 달리, 그는 내게 전적 자유를 주었다. 내가 관심하는 것을 자유롭게 찾아보고 공부 과정을 즐기며 논문을 진행하도록 지켜봐 주었다. 나의 서툴고 어설픈 생각과 고민들을 늘 진지하고 따스하게 경청해 준 교수였다.

내가 미국에 와서 만난, 내 마음속의 진정한 '첫 만남'이다. 나는 그와 삶의 이야기를 지속해서 나누는 관계를 지금까지 이어오고 있다. 이런 영향 때문에 이제 선생이 된 나는 학생들에게 '방목형' 선생으로 남아있고자 한다. 자신의 가슴을 출렁이게 만들고, 열정이 생겨서 이것저것 찾아 읽게 만들고, 그래서 잠 못 자면서도 계속 탐구하고 싶은 주제를 논문으로 택하라고 권하곤 한다.

한국에서 책을 출판하면서 만난 편집자 L이 있었다. 따스한 열정을 지닌 사람, 미소가 늘 가득한 사람이라는 인상을 받았다. 나는 그와 일하는 것이 편하고 즐거웠다. 그는 내가 독일에서부터 빵에 관심이 많다는 것을 알고서, 합정동 근처 어느 베이커리에서 맛난 빵을 사서 전해주기도 했다. 그러던 그가 어느 해 암 진단을 받고서 투병하다가 호스피스 병동으로 옮겼고, 급기야 이 세상을 떠났다는 소식을 들었다.

투병 중 주고받은 메시지에서 그는 "건강해져서 회사에 다시 복귀하게 되면, 선생님과 함께 새로운 책도 기획해서 작업해 보고 싶습니다"라고 했다. 그러면서 "저녁을 잘 챙겨서 드시길"하는 배려의 말도 잊지 않았다. 나는 "L 편집자와의 만남은 저자와 편집자와의 관계를 넘어서, 마음이 따스한 한 아름다운 사람과의 만남으로 내게 자리 잡고 있습니다. 지금 투병 생활을 하고 있는 L 선생님을 생각하면 마음이 저립니다. 그래도 특유의 환한 미소를 품고서, 한 번에 하루씩 힘을 내어서 지내기 바라요. 나와 다시 책을 내자고 했던 약속도 꼭 지키고요"라고 회신했었다.

그렇게 메시지를 주고받았던 그가 몇 달 만에 호스피스 병동에서 지구에서의 삶을 마감했다는 소식을 들었다. 아득했다. 태평양 건너 텍사스에서 내가 할 수 있는 일은 아무것도 없다는 것을 알면서도, 아프고 저린 마음을 제겨 놓고 일하기가 어려웠다. 마시던 커피를 들고 서재에서 나와 멀리 창밖을 내다보며 한동안 가만히 있었다.

"나는 애도한다, 그러므로 존재한다"는 자크 데리다의 말처럼, 우리는 관계가 형성되자마자 '애도'가 시작된다. 나와 L 편집자의 만남도 그렇다. 두 사람 중 한 사람이 먼저 떠나야 하는 인간의 관계에서 '만남'과 '헤어짐'의 두 결은 숙명이다. 그래서 더욱 진정한 만남의 소중함을 매번 상기해야 하는지 모른다.

지금 이 순간에도 곳곳에서 태어나기도 하고, 이렇게 기울어지기도 하는 생명들이 있다. 나의 가슴을 에이도록 아프게 하는 생명도 있고, 얼굴 가득 환한 미소를 주는 생명도 있다. 이 다양한 모습들의 생명들을 품고 기억하면서, 매 하루를 충일하게 살아가는 것, 살아있는 내가 할 수 있는, 해야만 하는 일이다.

잿빛 하늘은 다람쥐 쳇바퀴 돌아가듯 기계적으로 이어지는 일상의 시계를 돌연히 멈추고, 과거와 현재 그리고 미래를 돌아보게 한다. 인간만이 이렇게 '미래시제'를 지닌 존재 아닌가. 잠시 멈추어 서서 이 살아감의 의미를 새로운 방식으로 들여다볼 수 있는

모든 존재는 행복할 권리가 있다

것, 잿빛 하늘의 날씨가 주는 선물이기도 하다.

잿빛의 날은 이 유한한 삶에서 무엇이 소중하고, 그 소중한 것을 어떻게 지켜내야 하는가를 사유하도록 초대한다. 고갱의 "우리는 어디에서 왔는가, 우리는 무엇인가, 우리는 어디로 가는가" 라는 제목의 그림은 인간이 그저 소멸하는 것이 아니라 삶과 죽음, 과거-현재-미래를 사유하는 존재임을 상기시킨다. 살아감의 여정에서 만나는 다양한 얼굴들과의 관계를 진정 소중하게 만드는 것은 언젠가는 서로를 '미소'로 떠나보내며 애도하는 것을 의미하기도 한다.

우리는 어디에서 왔는가(Where Do We Come From)

우리는 무엇인가(What Are We)

우리는 어디로 가는가(Where Are We Going)

잿빛의 날은 고갱의 이 심오한 물음과 조우하게 한다. ∘

존재함의 용기

어느 날 학생 C와 오랜 대화를 나누었다. 나의 과목을 듣고 있는 학생인데 수업에 두 번이나 연이어 불참했다. 몇 번의 이메일을 주고받았고 이야기를 나누고 싶다고 하기에 연구실에서 만났다. C는 현재 겪고 있는 여러 문제 한가운데서 헤어 나오기 힘들어, 마치 길을 잃은 사람 같다는 생각이 든다고 했다.

나는 우선, 길을 잃었다고 생각한다면 자신이 아닌 외부 존재가 대신 길을 찾아줄 거라는 기대는 처음부터 접어야 한다고 대화의 문을 열었다. 그 외부 존재란 사람일 수도 있고 또는 '신'과 같은 종교적 대상일 수도 있다. 나 외의 그 어떤 존재가 내 길을 찾아줄 수는 없는 일이다. 누군가와의 대화를 통해 실마리를 찾았다

해도 그것 역시 자신이 찾아내는 것이다. 또 타인이 나를 위해 그려준 삶의 지도 대로 살아가겠다는 것은, 결국 자기 삶을 방기하는 일이다. 우리 각자는 자기 삶의 지도를 매번 그려가며 살아가는 존재다. 타자가 제안하는 삶의 지도, 이 모든 것은 단지 '참고 사항'일 뿐이다.

다층적 위기감과 씨름하고 있는 C와 대화하면서, 나는 우리 삶에 있는 무수한 '다리들(bridges)'을 생각하게 되었다. 가족, 친구, 연인, 동료, 타자 등 다층적 관계 속에 있는 사람 간의 다리들, 개인의 삶에서 일어나는 내적·외적 사건이나 단계 사이의 다리들, 또는 절망감과 희망, 희열과 슬픔 등 한 사람의 여러 마음 간의 다리들이다. 어찌 보면 살아감이란 이러한 무수한 '다리들'을 마주하며, 씨름하는 것 아닌가. 어떤 이들에게 이러한 다리들은 지독한 걸림돌이 되기도 한다. 그런데 또 어떤 이들은 이러한 다리들을 새로운 가능성의 자리로 만들어 가기도 한다.

대부분의 우리에게는 늘 익숙한 '이곳'이 안심되고 편안하게 느껴진다. 익숙함에 길들 때 그것이 무엇이든 우리는 낯섦의 세계에 한 걸음 내딛는 것조차 두려워하게 된다. 익숙함과 낯섦 사이에서 '다리를 건넌다'는 행위는 아직 경험해 보지 못한 '저곳'에 자신을 기투하는 것을 의미한다. 저곳이 나에게 무엇을 의미하는지, 무엇을 경험하게 될지는 객관적으로 고정되어 존재하지 않는다.

다리를 스스로 건너기 전까지, 상상만으로 그 경험을 충분히 할 수 없는 것이다.

자신에게 다가온 낯선 현실, 예상 밖의 사건, 굳건하다고 믿었던 관계의 깨어짐, 육체적·정신적 고통, 주변과 이 세계에서 벌어지는 일들 등 많은 것이 우리의 통제 너머에 있다는 사실의 자각은, 많은 경우 아픔을 준다. 그런데 익숙함의 자리인 '이곳'이 사실 나의 삶을 지독히 제한하고 부자유하게 하는 것일 수 있다. 이 사실과 과감히 대면하는 것은, 새로운 존재에의 용기의 씨앗이 될 수도 있다. 그래서 '저곳'으로 잇는 다리 건너기를 두려움이나 위기감으로만 느낄 필요는 없다. 내 삶이 보다 확장되고 풍성해지는 '가능성의 자리'로 만들 수 있다는 생각으로 이 삶의 '다리들'을 조금씩 용기 내어 건너봐야 한다.

인간의 자유나 해방의 삶은 사실 거창한 구호로 이뤄지는 것만은 아니다. 또한 일상적 삶에서 다리를 건너려 하는 이들만이 크고 작은 자유와 해방을 경험하게 될 것이다. 익숙한 이곳에서 낯선 저곳으로 잇는 '다리'가 두려운 장애물이 아니라, 내가 경험하지 못했던 세계로 잇는 가능성일 수 있음을 생각하며, 용기를 내야 하는 이유다.

'길을 잃는' 경험을 C만 겪는가? 아니다. 성격과 색채는 다르겠지만 나를 포함해서 많은 이가 크고 작은 '길 잃음'을 경험한

모든 존재는 행복할 권리가 있다

다. 낯선 세계로 용감히 건너가며 새로운 지도를 매번 그리는 것, 그것이 살아감의 과제 아닐까.

대화를 마치고 C는 눈물 섞인 미소로 나의 두 손을 잡으며 '고맙다'며 인사하고 돌아갔다. C의 뒷모습에서, 나는 우리 모두의 모습을 보고 있었다.

매 하루마다 '존재함의 용기'를 새롭게 내야 하는 우리 모두의 뒷모습, 매번 '저곳'으로 잇는 다리를 건너야 하는 우리 모두의 뒷모습, 통제 불능의 사건들을 마주하며 한탄만 하는 것이 아니라, 그 사건을 보는 나의 시선을 새롭게 만들어야 하는 과제를 지닌 우리 모두의 뒷모습이 보였다.

그 누구도 나를 대신해 살아줄 수 없다는 이 엄중한 사실과 마주하면서, 우리는 오늘도 낯선 길에 들어서고 새로운 지도를 그리는 '존재에의 용기'를 발현해야 한다. ○

왜 쓰는가:
존재 방식으로서의 쓰기와 읽기

나는 나의 글에서 고향을 발견한다.

(I find home in my writing.)

포스트콜로니얼리즘의 중요한 이론가 중 한 사람인 에드워드 사이드가 한 말이다. 내가 늘 마음에 품고 있는 말이기도 하다. 사이드는 팔레스타인 지역의 예루살렘에서 태어나 이집트와 팔레스타인을 오가며 자랐다. 후에 미국 컬럼비아대학교에서 가르치다가 2003년 암으로 죽었다. 사이드는 평생 고향에 대한 강렬한 갈망을 품고 살아갔다. 그의 자서전 제목이 《아웃 오브 플레이스(Out of Place)》인 이유다.

모든 존재는 행복할 권리가 있다

우리는 왜 글을 쓰는가. 어떻게 글쓰기에서 고향을 발견하는가.

사람마다 쓰기 행위는 매우 다른 것을 의미한다. 어떤 이에게 글쓰기는 매우 간단하고 쉬운 일이기도 할 것이다. 그러나 내게 한 편의 글쓰기는 장르와 상관없이 언제나 '작은 세계의 출산'을 의미한다. 출산의 고통과 동시에 의미를 경험하는 일이다. 사람마다 목소리가 다르듯, 모든 글은 저자의 '글소리'가 담겨있다. 각기 다른 색채와 소리를 뿜어내고 있다는 것이다. 동일한 주제에 관한 것이라도, 다양한 글이 나오는 이유다.

'쓰기'는 언제나 '읽기'와 연결되어 있다. 여기에서 읽기는 쓰여진 텍스트만이 아니다. 읽기는 사건을 읽고, 정황을 읽고, 해석하는 것을 의미하기도 한다. 이런 의미에서 쓰기와 읽기는 분리 불가의 관계에 있다. 타자의 글 읽기란 마치 깨지기 쉬운 물건을 다루듯 섬세하고 조심스러우며 치밀하게, 인내심을 가지고 접근해야 하는 행위다.

그렇기에 특정한 사건 또는 특정한 텍스트에 대한 타자의 글이 왜 자신의 입장과 다른가 하는 것은 글 읽기의 자세가 아니다. 나의 직업상 글에 문제를 제기하는 것이 기본 정서인 학회나 모임에 종종 가곤 한다. 그런데 타인의 글을 분석하고 논쟁하는 것이 직업인 학자들의 자리에서도, 언제나 두 종류의 '글 읽기'가 존재함을 발견하곤 한다. 두 종류의 글 읽기가 있다는 것은 두 종류의 논찬자가 있음을 의미한다.

첫 번째 종류의 논찬자는 텍스트에 '있는 것'을 긍정하려는 일차적 시도를 생략한 채 '없는 것'만을 먼저 찾아내 비판하는 것이 우선적 과제라고 생각하는 사람들이다. 텍스트에 '왜 ○○이 없는가'를 끄집어내는 게 자신의 학자로서의 재질을 드러내는 것이라고 생각하는 태도다. 한 편의 글을 탄생시키기 위한 과정이나 그 의미는 보지 않고, 또 글 쓰는 사람에 대한 존중심도 결여된 자세다. '없는 것'만을 끄집어내는 것이 자신의 지적 우수함을 드러내는 방식이라고 생각하는 것 같다. 학술 모임에서 많은 이가 이러한 방식의 논찬자 역할을 하는 것을 보게 된다.

두 번째 종류의 논찬자도 있다. '더블 리딩(double reading)'을 하는 사람이다. '이중적 읽기'라고 할 수 있는 더블 리딩은 '1차 읽기'와 '2차 읽기'가 함께 있다. 1차 읽기에서 읽는 이는 텍스트가 지닌 의미와 정황 등에 대한 세밀하고 인내심 있는 과정을 거쳐서 그 텍스트가 지닌 의미를 드러내고자 한다. 즉 '긍정의 읽기' 단계이다. 2차 읽기에서는 그 텍스트가 보다 확대되어야 할 점, 또는 새롭게 조명해야 할 점, 또는 가능한 문제점 등을 짚어내는 것이다. '문제 제기의 읽기'이다.

한 편의 글을 쓰는 과정은 하나의 작은 세계를 탄생시키는 여정이다. 내가 생각하는 바람직한 읽기는 '더블 리딩'으로서의 글 읽기이다. 이것이 내가 생각하는 타자의 글 읽기 방식이며 타자와의 소통방식이다. 학자들의 세계만이 아니라 SNS상에서도 두 종류의 응답자, 두 종류의 읽기와 해석하기가 공존하고 있음을 본다. 타자의 글을 읽고 해석한다는 것은 '인내심 있는 읽기'와 '세밀한 읽기'가 요청된다. 이러한 글 읽기는 특정한 직업군의 사람으로서만이 아니라, 한 인간으로서 다른 인간에 대한 최소한의 존중감을 담은 읽기 방식이다. 성급한 읽기와 해석하기를 통해서 급하게 결론 내리는 것은 이 세계의 복합성을 담은 사건, 사람, 시대적 함의 등을 조금이라도 이해할 수 없게 만들기 때문이다.

직업상 글쓰기와 글 읽기는 나의 일상이다. 다양한 분야의 학자의 글들, 매스 미디어에 등장하는 글들, 학생들의 논문, 페이퍼 등 어쩌면 이 세상에 존재하는 수많은 장르의 글을 읽고, 이해하려 하고, 그것을 내 삶의 정황에서 연결시키고 해석하는 것. 이것이 나의 일상이다. 또한 학문적인 글, 칼럼, 또는 학생들에게 보내는 코멘트 같은 글도 써야 한다. 그뿐인가. 편지도 쓰고 메시지도 쓴다. 이런 읽기와 쓰기만으로도 나의 개인적 시간은 이미 꽉 차 있다. 그런데 우리는 왜 쓰는가.

글쓰기는 살아있음의 표시이며 이 세계에 개입하는 하나의 방식이다. 각자의 정황에서 경험한 '나'의 읽기를 타자와 나누고, 알리고, 개혁하고, 평가하고, 이해하고, 논의하고, 드러내고, 밝히고자 나·우리는 쓰고 읽는다. 우리가 읽고 써야 하는 텍스트는 책이나 쓰여진 문서만이 아니다. 이 세계가 바로 텍스트이다. '텍스트로서의 세계'를 읽어내고 쓰는 것, 살아있음을 외치는 하나의 소중한 방식이다.

"나는 나의 글에서 고향을 발견한다."

고향은 생물학적으로 태어난, 그 지리적 공간만을 뜻하는 것이 아니다. 글쓰기와 글 읽기의 공간은 이 세계 내에서 나·우리의 존재함을 발견하고 존재함의 의미를 창출하는 공간이다. 또한 나·우리의 존재함을 비로소 느끼고, 그 존재함과 입맞춤하는 공간이다. 이것이 바로 나·우리에게 고향의 의미가 아닐까. 나의 고향을, 그리고 타인의 고향을 소중하게 대해야 하는 이유다. ◦

행복을 가꾸는 시시포스

2010년, 35세의 미첼 하이스먼 Mitchell Heisman이 하버드대학교 캠퍼스에서 총기로 자살했다. 심리학을 전공한 그는 1,905페이지의 '자살 노트(Suicide Note)'를 남겼는데 가족과 400여 명의 친구들이 이 노트를 이메일로 받았다. 노트에는 1,433개의 각주, 20쪽의 참고문헌이 포함되어 있는데 '신(God)'에 대한 언급이 1,700개가 되며, 니체에 대한 참고가 20여 개가 된다고 한다. 노트는 5년여 동안 작업한 것이며, 각 장은 '철학, 우주론, 개별성(singularity), 신을 키우는 방법(How to breed a God)' 등과 같은 제목이 붙어 있었다. 책의 형태를 갖춘 이 '유서'는 사회, 정치, 윤리 분야에 대한 철학을 무수히 인용하고 요약하고 있으며, 이것을 쓰는 과정에서 여러 하버드 교수와 의견을 나누었다고 한다. 그의 어머니는 아들이 '자살 노트'를 사람들이 읽어주길 원할 것이라며 공개했다.

그런데 하이스먼은 왜 자살했는가. 이 '왜'에 대하여 사람들은 여러 추측을 할 수 있겠지만, 사실 본인 외에 진짜 '왜'를 아는 것은 불가능하다.

인간만이 '자살'을 한다. 자살은 동물과 인간의 경계를 긋는 것이기도 하다. 많은 경우, 인간의 삶은 해명 불가능하다. 살아감이란 정밀화가 아니라, 추상화 같은 것이기 때문이다. 사람들은 인간이 왜 존재하는지 근원적 의미와 이유를 알려 하지만, 그 어떤 설명도 우주에 존재하는 인간의 존재 이유를 포괄적으로 드러내지 못한다.

실존주의 철학에서 중요한 주제가 되는 개념, '부조리'는 삶의 의미를 찾고자 하는 인간의 갈망과, 그 어떤 객관적 설명도 제공하지 않는 우주의 철저한 '무관심', 그리고 '의미 없음' 사이에서의 긴장을 의미한다.

'부조리(absurdity)의 철학자'라고 불리는 카뮈는 "자살이야말로 가장 진지한 철학적 주제"라는 말로 〈시시포스의 신화〉를 시작한다. 카뮈는 이 글에서 그리스 신화에 등장하는 시시포스의 형벌을 인생에 비유한다. 시시포스는 신들을 기만한 죄로 바위를 산 꼭대기에 끝없이 끌어올리는 형벌을 받는다. 올려놓으면 떨어지는

모든 존재는 행복할 권리가 있다

바위를 다시 가져다 놓아야 하는 형벌, 이 의미 없는 부조리를 카뮈는 우리 인생에 빗댄다. 그리고 '자살'이라는 극단으로 삶의 의미를 질문한다.

자살하는 사람들은 그 배경이 어떻든, 자기 삶이 부조리하며 더 살아갈 가치가 없다는 결론을 내리고 삶을 종료한다. 카뮈는 〈시시포스의 신화〉에서 크게 세 가지 주제를 다룬다. 자살, 부조리, 행복이다. '인생'이란 '부조리'의 자연적 반응으로 자살 문제를 보는 카뮈는, 자기 삶의 주인이 되는 것을 통해 부조리를 받아들이고 당당하게 살아갈 수 있다고 말한다. 그 부조리는 인간의 이성이나 합리성, 또는 신이 정한 의도 등 종교적 가설로도 해명할 수 없다.

〈이방인〉, 〈페스트〉, 〈시시포스의 신화〉 등 인간의 실존, 부조리, 도덕적 책임에 대한 깊은 성찰로 44세에 노벨상을 받고 46세에 자동차 사고로 죽은 카뮈, 그의 삶과 죽음에 어느 누가 '왜'를 제시할 수 있겠는가. 그의 〈시시포스의 신화〉는 여러 가지 시사하는 바가 크다.

이 부조리의 삶을 살아가는 유일한 길은 이성과 합리성으로는 해명할 수 없는 부조리와 당당하게 마주하는 것이다. '값싼 희망'의 유혹에 저항하면서 떨어지는 바위를 높은 곳으로 끌어올리는 '시시포스적 삶'을 살아가는 것이다. 그것이 이 부조리에 맞서 스스로 자기 삶의 주인으로 살아가는 길이다. 행복은 '모든 것이 잘될 것'이라며 막연히 외치는 '값싼 희망'이나, 나 외의 어떤 외적 존재가 나를 구원해 줄 것이라는 여타의 종교적 가설 속에 있지 않다.

인간에게 행복이란 부조리의 삶을 직시하면서, 스스로 자기 삶의 주인으로서 떨어지는 바위를 끌어올리는 주체적 행위를 통해 비로소 가능하다. '값싼 희망'을 거부하는 것은 낙담과 좌절을 거부하는 것이기도 하다. 부조리가 '해결'되거나 그러한 상태가 사라져서가 아니라, 부조리 가운데서도 삶의 주인으로 당당하게 살아가는 것이다. 카뮈는 〈시시포스 신화〉에서 다음과 같이 말한다.

> 행복과 부조리한 것은 같은 지구의 두 후손이다.
> 그 둘은 분리 불가하다.

부조리를 느끼고 경험하는 일 자체가 행복으로 인도하는 것은 아니다. 다만 부조리를 인정하고, 동시에 인간의 한계를 받아들이고, 또한 가능한 것들 너머를 바라보면서 살아갈 때 비로소 존재함의 행복이 가능하다. 충일하게 살아있음의 한가운데서, 높은 곳으로 바위를 올리고자 씨름하는 그 한가운데서, 우리는 "시시포스가 행복하다고 상상해야만 한다"고 카뮈는 말한다.

외적 요소들로 나의 존재가 근원적으로 부정되는 경험, 내 삶에 더 이상 의미가 없다는 생각이 나를 사로잡을 때 우리가 할 수 있는 것은 무엇인가. 두 가지 선택지가 있다. 하나는 자포자기하는 것, 그리고 또 다른 하나는 그 우울함의 늪에서 자신을 끄집어내서 창의적인 일을 하는 것이다. 이것에 고정된 매뉴얼이란 없다. 오직 각자가 치열하게 찾아내야 하는 것일 뿐이다.

'20세기의 니체'라고 불리는 에밀 시오랑이 부조리와 무의미의 늪에 침잠하지 않는 방식은 글쓰기였다. 그래서 그는 "나에게 글쓰기는 치유(writing is a therapy)"이며, "책을 쓴다는 것은 자살을 연기하는 것(suicide postponed)"이라고 한다.

이 현실 세계에서 우리 각자는 여러 가지 갈등적 상황, 이성과 합리적 추론으로는 이해되거나 해결할 수 없는 무수한 부조리를 경험한다. 한국과 미국은 물론 세계 도처에서 벌어지는 말도 안 되는 일들 한가운데서, 한 개인으로 이런 부조리를 '해결'할 아무런 힘조차 가지지 못하고 살아가는 것 같다. 그래도 절망감과 부조리 한가운데서 글을 쓰고, 노래를 작곡하고, 책을 읽고, 사랑하고, 연서를 쓰며 "행복하다고 상상해야만" 한다. 나는 이 "행복하다"를 '행복을 가꾸고 있다"고 바꾸는 것이 적절하다고 생각한다. 사랑이든 행복이든 고정된 것이 아니라, 부단히 돌보고 가꾸어야 하는 것이기 때문이다.

부조리의 삶 한가운데를 살아가면서 우리에게 절실하게 필요한 것은 시시포스와 같은 '존재에의 용기(courage to be)'다. 존재에의 용기를 품고 삶의 주인으로 살면서, 그 부조리를 정면으로 마주하고 씨름하는 그 과정의 길에서, 어쩌면 '값싼 행복'이 아닌 '존재함의 행복'의 순간-경험(glimpse experience)이 가능하게 되는지도 모른다.

다큐멘터리 〈빌 게이츠의 두뇌 내부(Inside Bill's Brain)〉를 보면 빌 게이츠는 마이크로소프트를 운영하던 1980년대부터 주기적으로 자신만의 '예식'을 하고 있다고 한다. 그는 이 예식의 이름을 '싱크 위크(Think-Week)'라고 부른다. 책을 잔뜩 가지고 외딴곳에 가서 일주일 정도 다른 것은 하지 않고 책을 읽는다. 일주일 동안 집중해서 읽고, 사유하고, 쓰기를 하면서 자신을 가꾸는 것이다.

나는 앞마당에 있는 나무를 밑동만 남겨놓고 모두 잘라버린 적이 있다. 이제 그 나무는 끝났다고 생각했는데, 두 달 반 정도 지나니 놀랍게도 가지가 자라고 소담한 꽃까지 피우는 게 아닌가. 이 나무를 보면서 우리 삶을 생각하게 되었다. 살다 보면 모든 것이 다 끝난 것 같고, 밑동까지 잘려 나간 나무처럼 아무 희망이 없다는 생각이 들 때가 있다. 그런데 그 나무가 조금씩 자라 가지를 뻗치고, 꽃을 피우는 것처럼, 다 끝난 것 같은 우리 삶에 예상하지 않았던 '꽃'을 피워낼 수 있다.

자신만의 '사유의 날', '사유의 주간', 또는 '사유의 달' 같이 나만의 예식을 하면서 새로운 행복, 새로운 희망의 가지를 피워내는 연습을 해야 한다. 문제 많은 이 세계에서 살아가면서도, 시시포스가 '행복하다고 상상'해야 한다. 홀로 그리고 함께 작고 아름다운 꽃을 피우도록 끈질기게 바위를 올리는 것, 오늘도 살아남아 하루를 맞이하고 있는 우리에게 주어진 '과제'다.

살아감에 대한 보다 근원적인 물음과 대면하면서 부조리와 무의미성을 직시하고 합리성–너머의 자신만의 의미 창출 방식을 고민하고 실행에 옮기는, 나만의 '삶의 의미 창출'이 절실히 필요한 것이다. 크고 작은 행복을 만들고, 가꾸고, 소중하게 여기는 연습을 지치지 않고 시도하는 시시포스의 모습으로. ◦

포옹, 그 몸의 언어가
상징하는 것

인간은 세 가지 언어를 사용하는 존재다. 말의 언어, 글의 언어, 그리고 몸의 언어.

강연장에서 나는 이 세 언어를 항상 경험한다. 강연자인 나는 '말'을 통해 나의 생각을 전하고, 칠판에 '글'을 쓰면서 청중과 소통한다. 그리고 화자나 청자의 '몸의 언어'가 늘 개입되는 것을 경험한다. 강연자나 청중들은 자신의 몸을 통해 다층적 메시지를 주고받는다. 각자의 표정, 앉아 있는 자세, 눈빛 등과 같은 '몸의 언어'는 자신이 인지하든 하지 못하든 작동된다. 그리고 이런 몸의 언어가 말이나 글보다 더욱 강력한 소통 통로가 되는 경우가 많다.

한 교육청이 주관하는 학부모 대상 강연을 한 적이 있다. 진지하게 경청하는 얼굴들을 마주하며 각각의 개별성을 보게 된다.

모든 존재는 행복할 권리가 있다

그 얼굴들은 특정한 정황 속에서 '학부모'라는 집단 속에 넣어지지만, '학부모-일반'이라는 범주가 각자의 개별성이 사라지게 하는 것은 아니다.

강연이 끝나고 어떤 분이 다가와 이야기를 나누고 싶다고 하셨다. 그분은 이렇게 말문을 여셨다. "저는 두 아이가 있어요. 그런데 그 두 아이 모두 장애가 있어요. 한 명은 신체적 장애, 다른 아이는 지적 장애인이에요."

그는 자신이 매일 겪는 일을 털어놓는 동안 계속 눈물이 나와서 여러 차례 말을 멈추고 눈물을 닦으며 목소리를 가다듬어야 했다. 장애를 가진 두 아이의 '돌봄 전담자'로 살아가면서 사회제도적 장치의 문제들, 사적·공적 공간에서의 다층적 편견들을 겪고 있다고 하셨다. 말만 들어도 너무나 힘든 일상을 보내고 있다는 게 느껴졌다. 매일 숨 막히는 일상을 보내지만 이런 상황이나 심정을 다른 가족이나 친구들에게 전할 수도 없다고 했다. 매일, 또는 매번 말할 수는 없기 때문이다. 그분은 고층 아파트에 사는데 자기도 모르게 뛰어내리고 싶은 충동을 느끼며 베란다에 서 있는 자신을 발견하곤 한단다.

그런데 오늘 나의 강연을 들으며 이제 마음속에 힘든 것을 '일기'에 써야겠다는 생각이 들었다고 했다. 살아오면서 이런 마음이 드는 것이 처음이라며 고마움을 전하고 싶어서 대화를 청했다고 했다.

오래전부터 나의 가장 소중한 친구가 된 것은 '일기'였다, 슬픈 일이 있든 즐거운 일이 있든 일기를 쓰면서 나에게 일어난 일에서 내가 느끼고 경험한 것을 나와 나누곤 했었다. 되돌아보니 '일기 쓰기'는 내게 '자기 사랑'의 중요한 방식 중 하나였다.

　　자신과 친구가 되지 못하는 사람은 타자와도 친구가 될 수 없다는 나의 생각과 경험을 나누면서, 하루에 한 줄이라도 자신과 대화하는 글을 써보자고 제안했다. '학부모'이기 전에 한 고유한 인간으로 살아가는 것, 그래서 자신의 삶을 꾸려나가는 것의 의미를 생각하는 것, 이러한 자세가 아이를 '사랑'한다며 '집착'으로 빠지게 되지 않는 출발점이라고 나는 생각하기 때문이다.

　　이런 '좋은 학부모'의 출발점으로 한 번에 '한 문장 쓰기'를 시작해 보고, 작더라도 자신만의 책상을 가지는 시도를 해 보자고 제안했다. 식탁에서 뭔가를 하다가 식사 때가 되거나 다른 가족이 오면 서둘러 치우는 것이 아니라, '나만의 고유한 공간으로서의 책상'이 있다는 사실은 매우 복합적인 의미가 있기 때문이다. 자신에게는 물론 다른 가족들에게도 중요한 가치를 상기시키는 것이라고 나는 본다. 자신이 우선 스스로의 친구가 되어, 슬프거나 힘들 때 위로와 격려를 전하고 새로운 용기도 내면서 이 힘겨운 삶의 여정을 걸어가는 것이다.

　　이 내용은 내가 미리 준비한 강연 원고에는 없던 것이었다. 그분에게는 즉석에서 나눈 이 내용이 이제 일기를 쓰며 스스로에게 위로와 격려를 나누겠다는 결심을 서게 했던 것이다. 그분은 뒤에서 기다리는 다른 분을 의식하며 "교수님 시간을 제가 너무 많이 빼앗았네요"하고는 일어나셨다. 나는 아무 말 없이 그분을 꼬옥 끌어안고 잠시 있었다. 그저 "힘내세요" 같은 말의 언어로는 표현할 수 없는, 강력한 지지의 몸짓을 몸의 언어로 전달하고 싶었기 때문이다. 그분은 나와 한동안 포옹하며 눈물을 글썽거렸고 "고맙다, 언젠가 다시 만나게 되면 좋겠다"고 하고는 떠나셨다. 그러자 다른 분이 내게 다가오더니 바로 "저도 안아주세요. 교수님이 안아주시면 힘이 날 것 같아요" 하신다. 미소가 담긴 그분의 표정이 진지해서 나는 "아, 그래요" 하고는 가만히 그분을 힘껏 안았다.

이렇게 몇 분과 몸의 언어를 주고받고서 강연장을 떠나 나오는데, 어떤 분이 급하게 다가오신다. 그러더니 자기 팔목의 상처를 보여주신다. 자살 시도를 이렇게 한 적이 있고, 현재 사는 아파트에서 뛰어내리고 싶다는 생각을 하곤 했단다. 그런데 오늘 강연을 들으면서 이제 그러한 생각에서 벗어나 살아야겠다고 마음을 먹었다는 것이다. 내가 뭐 굉장한 강연을 한 건 아닐 것이다. 다만, 나의 어떤 나눔이 각기 다른 정황에 있던 사람들에게 새로운 용기를 내야겠다는 마음에 이르게 했을 것이다. 나는 "우리 다음에 꼭 다시 만나요"하고 포옹했다. 그런 후 다른 분도 다가와 포옹하며 "저도 이제 일기를 써야겠어요"라고 하셨다.

강연을 마치고 돌아오는 길에 나는 이번 강연이 마치 '포옹의 축제'를 한 것 같다는 생각이 들어 미소 지었다. 그 어느 강연에서보다 많은 분들과 "찐한 포옹"을 했기 때문이다.

교육청에서 주관하는 학부모 대상 강연을 자주 한다. 그런데 '학부모(學父母)'라고 해도, 모임에 오신 분들은 99%가 학모(學母), 즉 '학생을 자녀로 둔 어머니'들이다. 한국 사회의 특이한 성적 평가제도, 입시제도의 무게를 짊어지고 자식을 '성공적'으로 키워야 하는 '좋은 엄마 이데올로기' 속에서 힘겹게 살아가는 이가 도처에 있었다. 특히 한국은 사회적으로 요구되는 '제도로서의 모성(motherhood as an institution)', 그리고 개별인이 각기 경험하는 '경험으로서의 모성(motherhood as an experience)' 사이의 갈등과 거리가 큰 사회다. 이런 사회일수록 '돌봄 전담자'로 살아가는 여성이 경험하는 암담함은 참으로 깊다.

한편으로는 아이에 대한 언어-너머의 사랑, 아이라는 존재가 주는 행복감이라는 개별적 경험이 있다. 동시에 또 한편으로는 '모성(부성)'에 대한 고정된 기준들과 사회적 틀 속에서 맞지 않는 자기 모습을 보면서 만나는 좌절감, 죄책감, 열등감 등이 있다. 이런저런 범주 속에서 규정되는 내가 아니라, 고유명사를 지닌 한 인간으로서의 '나'는 쉽게 사라진다. 어떤 이들에게 이 '사라짐'은 아무 문제가 아닐 수도 있지만, 어떤 이들에게는 숨 막히는 고통을 주기도 한다. "이게 다란 말인가(Is this all?)"는 결혼 후 양육과 가사 노동을 전담하는 여성들이 느끼는 경험을 드러내는 말이다. 이 말은 1960년대 미국에서 제2기 페미니즘의 불씨가 당겨진 정황 근저의 공허함과 내적 고통을 담고 있다.

그런데 이런 문제가 '학부모'들 뿐이겠는가. 여성이든 남성이든 이 현실 세계에서 생존하기 위해 다람쥐 쳇바퀴 도는 듯한 기계적 일상을 이어 나간다. 개별성의 존재로서의 '나'가 사라지는 현실을 인지하면서 아픔과 고통을 품고 사는 이들이 도처에 있다. 그렇다고 해서 '모든 인간은 고통을 경험한다'는 보편화의 서사를 쓴다면 그것은 개별성의 얼굴을 보지 않는 처사다. 개인들이 경험하고 있는 아픔을 작은 문제로 '사소화'하거나 아무것도 아닌 것으로 '무화(無化)'시킨다. 결국 이러한 보편화는 '감정적 폭력'으로 작동할 수 있다.

예를 들어 사랑하는 사람의 죽음 때문에 슬퍼하고 고통을 겪는 이가 있다고 하자. 그에게 '사람은 누구나 죽는다'는 보편화로 반응할 때, 그것은 '모든 인간은 죽는다'는 '반쪽 진리'를 이용하여 대체 불가의 상실감과 슬픔을 외면하는 '감정적 폭력'을 가하는 것과 같다. "매 죽음마다 세계의 종국"이라고 한 데리다의 통찰은, '매 고통'이 개별인에게 주는 대체 불가능한 아픔을 볼 수 있게 한다.

다양한 아픔, 어려움 그리고 슬픔을 경험하며 사는 이들에게 어쩌면 나의 강연에 이어진 '포옹'이 '존재에 대한 인정과 지지의 몸짓'으로 다가갔는지도 모르겠다. 말과 글의 언어만이 아니라 몸의 언어를 통해서도, 우리는 지지와 인정을 나눌 수 있다. 포옹이라는 '순간의 경험'일지라도 그 순간의 경험을 부여잡고 척박한 일상에서 한 걸음씩 내딛는 힘과 삶의 에너지를 끄집어내는 시작이 될 수 있다.

　　우리 모두는 누군가의 '포옹'이 필요한 존재다. 또한 누군가를 '포옹'하는 연습을 부단히 해야 하는 존재이기도 하다. 포옹이 상징하는 것은 그 존재를 통째로 받아들이는 '인정', 그리고 당신의 아픔에 함께하고 무엇을 하든 응원하겠다는 '지지의 몸짓'이다. 인간만이 자신의 의지를 작동시켜서 다른 존재를 '포옹'한다. 이 사실은 포옹하는 연습이 필요하다는 것을 의미하기도 한다. 살아감이란 결국 '함께 살아감'이다. 포옹이 상징하는 것은 바로 누군가를 있는 그대로 끌어안고, 인정하고, 지지하는 함께 살아감의 의미를 상기시키는 몸짓인지 모른다. ◦

장미는 '왜'가 없다

　　　　　　　　　매일 뉴스를 통해 한국은 물론 세계 곳곳에서 벌어지는 일들을 보면, 미소를 품고 살아가기 참으로 힘든 현실이다. 자국 이익의 이름으로, 정의와 의로움의 이름으로, 종교의 이름으로, 갖가지 폭력들이 벌어지고 있다. 인간의 권력 욕망과 이기성이 만들어 내는 다층적 위기들이, 우리의 정신 세계는 물론 존재 자체를 위협하고 있다.

　　　　사랑이나 우정은 '교환경제'의 다른 이름이 되어버렸다. 줄만큼 받고, 받는 만큼만 주는 철저하게 계산된 관계가 지배하고 있다. 다수의 사람이 손익계산 후에 이득보다 손해가 더 크다는 결론이 나오면, 사랑이든 우정이든 더 이상 쓰지 않을 물건처럼 던져버린다. 사랑은 소비되고 소모되며, 손익계산이 맞지 않으면 '쿨

(cool)하게' 버려지는 소모품으로 전락하곤 한다.

　　이런 가치가 팽배하는 사회에서 사랑의 종말이나 상실을 아파하는 것은 '쿨한 것'이 아니다. 손해 보는 것 같은 사랑이나 우정을 단호하게 파기하는 것이 '세련된 것'이라고 사람들은 생각한다. 모든 것이 이렇게 '기브 앤 테이크'라는 '교환경제'로 전락해 버렸다.

　　인간의 이성과 합리적 추론은 중요하다. 그러나 이러한 이성과 합리성만을 신봉하게 될 때, 생물체 같은 존재함의 방식을 파괴하는 덫에 빠지게 된다. 이성과 합리성으로 이어지는 것을 '산문의 세계'라고 하자면, 이 산문의 세계는 살아감에 필요조건이다. 그러나 충분조건은 아니다. 그 산문의 세계를 넘어서서 이성과 합리성으로는 규정할 수 없는 것—미소, 눈물, 포옹, 키스와 같은 것이 '시의 세계'다. 산문적 삶과 시적 삶이 어우러질 때 우리의 삶은 비로소 충일감을 맞이하게 된다. 이러한 것들이 부재하다면 황량한 삶을 살아가게 되는 것이다.

　　데리다는 자신의 죽음이 다가올 것을 감지하면서 스스로 장례식에서 읽을 조사를 쓴다. 그 조사의 마지막 문장은 "내가 어디에 있든지 여러분에게 미소 지을 것입니다"이다. 난해하기로 유명한 철학자가 자신의 삶을 매듭짓는 마지막 말이 바로 "미소"라는 것은 의미심장하다. 미소는 인간의 인간됨을 드러내는 소중한 몸짓이다. 사랑하는 사람, 좋아하는 사람, 아름다운 음악, 마음을 움직이는 작품과 풍경, 어떤 이의 선함을 목격하고 경험할 때, 우리는 미소를 짓는다. 새로 태어난 생명이 움직일 때 우리는 미소 짓는다. 미소는 인간의 합리적 인지 작용 너머의 세계에서 우리에게 다가온다. 그런데 점점 진정한 미소 짓기가 참으로 힘든 세계를 우리는 살아가고 있다.

내게 많은 위로를 준 글이 있다. 17세기 독일 시인인 안겔루스 질레지우스Angelus Silesius의 시다.

장미는 '왜'가 없다;

장미는 그저 피어야 하기 때문에 피는 것이다.

(The rose is without 'why';

it blooms simply because it blooms.)

우리의 존재함이 지닌, 사랑이나 우정이 지닌, 또는 관계가 지닌 진정성은 언제나 이미 '합리적 추론 너머의 세계'에, 시적 세계에 존재한다. 질레지우스의 시, 〈장미는 왜가 없다〉는 이러한 합리적 추론 너머의 세계를 느낄 수 있는 작은 문을 조용히 열어준다.

'왜' 살아야 하는가. '왜' 사랑하는가. '왜' 우정을, 관계를 소중하게 가꾸는가.

나는 한때 모든 "왜"에 답변할 수 있어야 하고, 답변이 가능하다고 생각했던 시기가 있었다. 그래서 적절한 답변을 찾을 수 없을 때, 스스로를 괴롭히고 힘들게 만들곤 했다. 그런데 우리 삶에는 이성적이고 합리적인 답이 불가능한 것들이 참으로 많다는 것을 비로소 받아들이기 시작했다.

장미가 피기에 피듯이, 이 살아감, 사랑함, 미소 지음에 '왜'는 없다. 누구도 이 지구상의 삶을 선택해서 온 사람은 없다. 그러나 존재하기 시작하게 된 그 존재함 자체가, 바로 이 살아감의 의미와 이유가 된다. 장미에게 도대체 '왜' 피느냐고 묻는 합리적 추론은, 존재함의 신비와 합리성 너머의 소중한 세계를 보지 못하게 한다. 그래서 안겔루스 질레지우스의 〈장미는 왜가 없다〉는 오늘도 우리에게 소중한 사실을 전해준다. 이 시는 다음과 같은 세계로 우리를 인도한다.

왜 살아야 하는가.
살아감에는 '왜'가 없다;
살아있기에 치열하게 살아낸다.
왜 사랑하는가.
사랑에는 '왜'가 없다;
사랑하기에 치열하게 사랑하는 것이다.

합리적 손익계산을 과감하게 넘어 자신 속에 '장미'를 피워 내고 가꾸어야 한다. '장미'가 상징하는 것이 진정한 사랑이든, 우정이든, 관계든, 존재함 그 자체든 그 '장미'를 소중하게 품고 살아가야 한다. 그래서 오늘도 우리 한 사람 한 사람 모두 살아남아서 이 삶의 축제성을 만들어 가야 한다. 장미의 아름다움을, 미소를 지켜가야 한다.

이 세계의 부조리와 끔찍한 폭력성이 주는 절망감 한가운데서도, 이 삶은 예상 너머의 놀라운 일로 여전히 가득하다. 이것이 어떤 어려움의 시대에도 우리를 살아남게 하는 생명의 신비이자, 소중함을 부여잡고 지켜내야 할 이유다. ○

'함께' 웃지 못하는 병

2024년 미국 대통령 선거 당시 민주당 부통령 후보였던 팀 월즈Tim Walz가 공화당 후보인 도널드 트럼프를 두고 한 말이 있다. 월즈는 "트럼프는 사람에 대해서 조롱하며 웃지만(Trump laughs "at" people), 결코 사람들과 함께 웃지 (he doesn't laugh "with" people) 않는다"는 것이다. 이 코멘트를 처음 들었을 때, 나는 매우 중요한 지점을 짚었다고 여겨졌고 흥미롭게 느꼈다.

선거 기간 초기에 많이 회자되었던 "트럼프는 이상해(weird)"라는 말보다, 트럼프가 사람들과 "함께 웃지 않는다"라는 말이 트럼프에 대한 핵심 평가라고 나는 본다. 그런데 트럼프만의 문제인가. 이렇게 사람들과 '함께' 웃지 않는 이들이, 아니 함께 웃지 못

모든 존재는 행복할 권리가 있다

하는 이들이 얼마나 많은가.

어떤 분과 메시지를 교환하면서, 내가 그분을 처음 만났을 때의 인상과 기억을 말씀드린 적 있다. 바로 "웃으실 줄 아는 분"이란 말이다. 내게 이 표현은 소중한 의미를 지닌다. 누군가를 '향해(smile at)' 미소 짓고, 누군가와 '함께(laugh with)' 웃는 의미는 매우 심오하다. 백화점이나 호텔 등에서 만나는 의례적이고 상투적 미소가 아니라, 자신의 존재가 타자를 환영하고, 있는 그대로 끌어안는 의미의 웃음은 중요하고 소중하다. 타자에 대한 여타의 우월감이나 열등감은 부재하며 평등한 존재로 바라볼 때, 진정한 미소와 웃음이 가능하기 때문이다. 그 '진정성'은 냄새처럼 자연스럽게 풍긴다는 것을 나는 경험하곤 한다.

내가 웃음과 미소의 심오한 의미를 배우게 된 것은 자크 데리다를 통해서다. 난해한 글과 사상적 깊이로 유명한 데리다는 췌장암으로 고통당하면서 죽음이 다가온다는 것을 알아차리고, 자신의 장례식에서 쓸 '조사(funeral address)'를 스스로 준비한다. 장례식에서 그의 아들이 읽도록 할 것이기에, 그는 자신을 3인칭(he)으로 지칭하면서, 자신이 직접 하는 말은 인용부호 속에 넣는다. 조사 마지막 문장에 등장하는 단어가 바로 '미소(smile)'다.

"나를 향하여 미소 지어 주십시오."

그는 말했습니다.

"내가 여러분에게 끝까지 미소 지은 것처럼, 나를 향하여 미소 지어 주십시오.

언제나 삶을 사랑하고 살아남음을 긍정하기를 멈추지 마십시오.

나는 여러분을 사랑합니다.

그리고 내가 어디에 있든지 여러분에게 미소 지을 것입니다."

(Smile at me, he says, as I will have smiled at you till the end.

Always prefer life and never cease affirming survival.

I love you and am smiling at you from wherever I may be.)

나는 데리다의 조사를 되풀이해 읽으며 '미소'의 의미가 무엇인지, 왜 그는 너무나 '평범한 것' 같은 미소를 자기 삶을 매듭짓는 단어로 선택했는지 살펴보게 되었다. 20세기 가장 위대한 사상가 중 하나로 꼽히는 자크 데리다가 삶을 마감하면서 선택한 가치는 바로 사랑과 미소였다. 일생 그토록 치열하게 씨름했던 '해체(deconstruction)' 같은 유명한 개념들이 아니라 나와 너를 연결하고, 나와 너를 환영하고, 나와 너를 수용하는 '사랑'과 '미소'를 사랑하는 이들에게 마지막으로 남긴 것이다. 데리다의 이 조사는 나를 데리다에게 끌리게 만든 계기가 되었다.

고도의 경쟁 사회, 승패의 이분화가 점점 노골화되는 21세기에 상업적이고 상투적인 미소, 자기 만족적인 승리의 미소는 곳곳에 있다. 하지만 타자를 자신과 동등하게 받아들이고 그를 온 존재로 '환영'해야 비로소 가능한, 진정한 웃음과 미소는 점점 만나기가 힘들다. 누군가를 '조롱(laugh at people)'할 줄은 알지만, 누군가와 '함께 웃는 것(laugh with people)'은 하지 못한다는 현실은 개인의 품성 때문만은 아니다.

　　승자와 패자, 성공과 실패, 우월과 열등, 일류와 삼류 등으로 나누고 평가하는 사회는 '존재의 사다리'를 부추기고 고착시킨다. 그런 사회에서 웃음의 틈새는 보이지 않는다. 또 타자를 평등한 '동료-인간'이라 여기지 않고 우월감과 오만함으로 대하는 사회, 비교와 경쟁의식에서 점철된 열등감이 내면화된 사회 역시 '함께 웃지 못하는 병'에 걸리게 한다.

　　'미소 지음'은 타자만이 아니라, 자기 자신에게도 향하는 것을 의미한다. 그런데 타자와 나 자신에게 미소 짓는 것에는 무엇이 요청되는 것일까.

　　첫째, 소위 성공 또는 실패 등 승자와 패자로 나누는 의식을 의도적으로 거부해야 한다. 둘째, 여타의 우월감 또는 열등감의 내면화를 거부해야 한다. 그리고 셋째, 무엇보다도 내가 또는 나와 함께하는 타자가 그 어떤 조건에 처하더라도 '모든' 사람을 평등한 존재로 보는 시선이 있어야 한다.

그때야 비로소 미소 짓고 '함께' 웃을 수 있는 것 아닐까. 우리 모두 '함께 웃지 못하는 병'에서 지속적으로 벗어나는 연습을 의도적으로 해야 하리라. 。

살아감에 대하여
배우기

자크 데리다는 췌장암으로 죽기 두 달 전 프랑스의 유력 신문인 〈르 몽드〉 지와 인터뷰를 했다. 데리다는 2004년 10월 9일에 죽었고, 인터뷰는 8월 19일에 나왔다. 신문 인터뷰의 제목은 '나는 나 자신과 싸우고 있다(I am at war with myself)'이다. 이 제목은 어쩌면 내가 끌리는 사상가들의 결을 드러내는 것이기도 하다. 나 역시 사는 것에 여전히 서툴러서 고민하고, 내면적으로 상충하는 여러 결의 나 자신과 매일 씨름하면서 살아가고 있기 때문이다. 데리다가 세상을 떠난 후 이 인터뷰는《드디어 살아감을 배우기(Learning to Live Finally)》라는 제목으로 출판되었다.

언제나 "삶에 예스(Yes to life)"하는 철학자로 알려져 있는 데리다는 자신이 죽어감을 알면서 인터뷰를 했다. 그런데 '세계적인 철학자'로 알려진 데리다가 자신의 삶을 마감하는 자리에서 비로소 이 '살아감에 대하여 배운다'고 한 것이다. 살아감은 그저 저절로 알게 되지 않는다. 어쩌면 데리다의 책 제목처럼, 살아감이란 죽음에 이르기까지 배워야 하는 건지도 모른다.

내가 사는 집 뒤에는 트리니티 강이라는 작은 강이 흐르고, 그 강줄기를 따라 둘레길이 있다. 나는 아침마다 그 강가를 한 시간 이상 7km가량을 걸으면서 살아감에 대해 생각하고 배운다. 알람이 울려 눈을 뜨면, 예외 없이 침대에 좀 더 있고 싶은 생각이 가득하다. 아침에 나가지 않으면, 시간을 아끼고 몸도 쉴 수 있으니 효과적으로 작업도 하고 하루를 보낼 수 있는 것 아닌가 하는 생각이 든다. 매우 '합리적'인 것 같다. 그러나 이 합리적인 것 같은 생각은 사실상 나의 몸과 마음을 돌보는 행위를 스스로 제쳐놓는 방해물이다. 이런 자각에 이르면서 나는 몸을 일으킨다. 오늘 하루를 열면서 만난 살아감의 첫 배움이다. '나'는 나와 하나가 아니다. '나'는 또 다른 '나-너머의 나'를 향해 걸어야 함을, 살아감이란 나의 삶의 정황에서 다양한 딜레마와 문제들을 마주할 때마다 매번 새로운 결단을 하고, 매번 행동에 옮겨야 하는 것임을 배운다.

해 뜰 무렵 강가로 나가면 서서히 떠오르는 태양과 마주하게 된다. 매일 보는 태양이지만, 결코 어제의 반복이 아니다. 반복

모든 존재는 행복할 권리가 있다

성에도 불구하고, 언제나 새로움과 유일성을 주는 태양이다. 지금도 도처에서 무수한 생명이 태어나고 죽어간다. 그러나 개별인들의 탄생과 죽음은 그 '반복성'에도 불구하고 '대체 불가능성'을 지닌다. 매일 떠오르는 태양은 내게 탄생과 죽음성, 하루의 반복성, 그러나 유일무이한 대체 불가능성을 상기시킨다. 오늘 하루가 어제의 반복이 아니라, 살아있음이 주는 새로운 선물이다.

집을 나서면 내가 늘 가는 목적지까지의 거리가 참으로 멀게 느껴진다. 되돌아오는 지점까지 도착하려면 약 3.5km가 되니 아득하게 느껴져서 한심한 생각도 든다. 언제 거기까지 걷는가. 그런데 그 먼 것 같은 길도 그저 '한 번에 한 걸음씩만' 걸을 수 있을 뿐이라는 것, 그렇게 한 번에 한 걸음씩 걷다 보면 아득하게 멀리에 있는 목적지에 도달한다는 것을 매번 경험한다. 그렇다고 그다음부터는 자동으로 몸이 인지하는 것이 아니다. 매일, 나는 이렇게 새롭게 배우고 깨우친다. 살아감이란 그저 '한 번에 한 걸음씩'이라는 것, 그러다 보면 참으로 먼 것 같은 길도 그렇게 도달한다는 것을 매일 배우고 상기하는 것이다.

어제 친구와 전화 통화를 하면서 "나는 사는 것에 여전히 서툴다"라고 말했다. 친구는 '남순이야말로 잘 살아가는 사람'이라고 한다. 그런데 내게 '서툰 것'이 '못 사는 것'과 동일어는 아니다. 다만 나는 '어떻게 사는 것이 내 삶의 행복과 의미를 가꾸는 것인가'에 대해 여전히 고민하고, 씨름하고, 좌충우돌하고 있다는 뜻이다. 학생들에게도 나는 '답을 가진 사람'이 아님을, 배움이란 '좋은 질문하기'를 배우는 것임을 종종 상기시킨다. 그런데 한편으로 보면, 나는 사는 것에 '익숙해서' 다른 사람에게 '이렇게 살아야 한다, 또는 저렇게 살아야 한다'며 '충고'하는 사람이나 책에는 전혀 끌리지 않는다. 한 사람의 삶이란 누가 그려준 지도대로 따라가는 것이 아니라, '자신만의 지도'를 그리는 것이기 때문이다.

나의 살아감이란 결국 '홀로의 삶'과 '함께의 삶'을 어떻게 풍성하게 가꾸어 내는가, 라는 물음 속에서 이어진다. 그리고 이 물음은 내 삶에서 지닌 중요한 과제다. '홀로의 삶'과 '함께의 삶'이라는 두 가지 색채가 각기 다른 의미로 내 삶의 의미와 행복에 중요한 토대가 되기 때문이다. 자신과 홀로 있는 '고독의 공간(me and myself)'을 잘 가꾸는 사람이, 타자와의 진정한 '함께의 삶'의 의미를 확장할 수 있다고 나는 본다. 어떻게 '홀로의 삶'과 다양한 색채의 '함께의 삶'을 가꾸는가. 이것이 내게 중요한 삶의 물음이며 과제인 이유다.

자신을 사랑할 줄 모르는 사람들은 타자를 사랑할 수 없다.

한나 아렌트의 말이다. 많은 철학자가 인간의 '죽음성(mortality)'을 철학적 주요 관심사로 두었지만, 아렌트는 '탄생성(natal-

모든 존재는 행복할 권리가 있다

ity)'을 그의 정치철학의 주제로 삼는다. "자기를 사랑하듯, 이웃만이 아니라 원수까지도 사랑하십시오"'라는 예수 사랑의 가르침의 출발점은 '자기 사랑'이다. 그런데 자신을 사랑한다는 것은 과연무엇인가. 단순하지 않다. 자기 자신을 돌보고 사랑하는 것이 무엇인지 생각조차 하지 않고 살아갈 때 타자에 대한 사랑이나 이 세계에 대한 사랑은 왜곡된다.

아렌트의 이 '세계에 대한 사랑(amor mundi)'은 자신을 사랑하고 돌보는 것이 무엇인가에 대하여 비판적으로 사유하고, 판단하고, 의지를 발현시키고, 행동하는 것을 통해 가능하다. 이러한 과정이 부재할 때 자기 사랑, 타자 사랑, 국가 사랑, 신 사랑 또는 세계 사랑은 집착과 권력 욕망의 다른 이름일 뿐이다. 타자만이 아니라, 자신 속에서 언제나 새로운 탄생이 가능하다고 믿는 것─자기사랑, 타자 사랑, 세계 사랑의 시작이라고 아렌트는 본다. 이 점에서 보자면 자기 돌봄, 자기 사랑은 타자 돌봄과 세계에 대한 사랑, 그리고 신 사랑과 분리할 수 없다.

하루가 시작되는 아침마다, 태양은 이 세계 모든 곳에, 모든 사람에게 떠오르고 있다는 것이 살아감을 늘 새롭게 배워야 함을 상기시킨다. 매일 새로운 시작과 탄생을 알리는 신호처럼. ∘

동 료 - 인 간 과
함 께
살 아 가 는
연 습

인간이란 누구인가:
인간의 두 얼굴

오래전 독일에서 유학할 때, 충격적인 경험을 한 적이 있다. 우연히 보게 된 한 흑백 다큐멘터리 필름을 통해서다. 그 필름은 나치가 어떻게 유대인들을 가스실에서 죽였는지, 그리고 그 희생자들의 시체를 어떻게 처리하는지를 생생하게 보여주었다. 유대인들의 몸에서 이용할 만한 것들은 모두 분리되어 쓰레기 더미처럼 쌓였고, 시신 또한 처리해야 할 물체처럼 취급됐다. 내게 이 다큐멘터리는 굉장한 충격이었다.

물론 나는 역사책에서 본, 나치의 유대인 학살을 알고는 있었다. 그런데 그 역사적 사실을 생생한 사건으로 '조우'하게 된 것은 다큐멘터리 필름을 통해서였다. 그 필름을 처음 본 날의 충격은 아직도 생생하다. 놀랍게도 독일에서는 지금도 자신들의 끔찍한 역사를 끊임없이 매체를 통해 드러내고 있다. 그리고 다양한 교육 프로그램들을 통해 '인류에 대한 범죄'를 알리고, 후대에 상기시키고, 교육하고 있다.

위대한 예술가와 사상가들을 무수히 배출한 독일, 그 독일에서 극도의 야만과 폭력이 행해졌다. 그것을 내 눈으로 확인했던 '사건'은 독일적 사상과 문화를 배우고자 갔던 나에게 심각한 회의와 마주하게 했다. 어떻게 이런 일이 다른 민족도 아닌 독일인들에 의해 자행되었을까. 독일 사상가들은 내게 참으로 중요한 지성적 샘물 역할을 했기에, 나의 실망은 더욱더 감당하기 어려운 무게로 다가왔다. 그 당시 나는 나치의 유대인 학살로 생생하게 마주한 끔찍한 '악의 얼굴'을 이해할 언어를 찾기가 힘들었다. 논리적으로 분석할 수 없는 언어 너머의 엄청난 사건을 다큐멘터리로 생생하게 목도했다. 필름의 장면들은 영원히 풀 수 없는 숙제를 받아든 것 같은 암담함을 내 가슴에 던져주었다.

후에 한나 아렌트의 전체주의에 대한 분석, 그리고 나치 전범으로 예루살렘에서 재판을 받았던 아돌프 아이히만Adolf Eichmann 분석을 통한 '악의 평범성(banality of evil)' 문제 제기는 내게 '학문한다는 것은 무엇인가'의 의미에 새롭게 눈뜨게 해 주었다. 또 이 다큐멘터리 필름은 어떠한 철학이든, 추상적 담론이 아닌 우리의 구체적인 삶, 그리고 사회정치적 구조와 철저히 연계된 비판적 성찰에 뿌리내려야 한다는 사실을 가슴에 새기도록 해 주었다.

　　후에 나는 여러 자료를 통해 나치가 유대인뿐만 아니라 동성애자들, 공산주의자들, 육체적 또는 정신적 장애를 가진 아이들, 여호와의 증인들 등 그 당시 독일 사회의 규범적 틀에 벗어난 이들을 무참하게 학살했다는 것도 알게 되었다. '홀로코스트 (Holocaust)' 또는 '쇼아(Shoah)'라고 불리는 이 사건은, 여러 학자에게 인간이 지닌 지독한 패러독스를 성찰하는 데 늘 중요한 예가 되었다.

　　이러한 이유에서 개별인이든, 특정한 종교·문화·인종 또는 민족에 근거한 집단이든 한 인간에 대해 절대적으로 선하고 아름답다거나, 반대로 절대적으로 악하고 추하다는 식의 이분법적 시각은 언제나 비판적으로 조명해야 한다. 어느 인간 또는 종족도 100% 선하거나 100% 악하지 않다. 일부 페미니스트 이론가 중에는 여성이 남성보다 평화와 생명을 사랑하고, 덜 이기적이며, 비폭력적이어서 이 세계를 보다 평화롭게 만들기 위해서는 여성들이 주류가 되는 '여성의 세계'를 창출해야 한다는 것을 그들 운동의 모토로 삼기도 한다. 또 '서양'은 폭력적이며 공격적이고 '죽음을 사랑하는(necrophilic) 문화'인 반면, '동양'은 평화적이고 '생명을 사랑하는(biophilic) 문화'라는 주장을 하는 이들이 서구 또는 아시아에 여전히 존재한다.

이러한 흑백의 이분법적 시각은 종교에도 적용이 되곤 한
다. 예를 들어 아시아의 불교 같은 종교는 평화적이고 생명을 사랑
하는 종교이고 이슬람, 유대교, 또는 기독교와 같은 종교는 공격적
이고 지배적이며 폭력적이라 보는 이들도 있다. 그러나 피상적이
아니라 보다 깊숙이 특정 종교나 민족의 역사를 들여다보면, 어떤
한 인간이나 인간들이 모여 구성한 문화, 종교, 민족, 집단이 '오염
되지 않은 순수한 선'이나 '절대적 악'으로 체현된 적이 없다. 이러
한 맥락에서 어떤 분야든 흑백논리적 또는 이분법적 시각은 매우
위험하다. 왜냐하면 한 인간, 한 민족, 한 문화, 한 종교 등은 '절대
적 악마성'이나 '절대적 선성'을 지닌 존재가 아니기 때문이다.

　　에드워드 사이드는《문화와 제국주의》의 마지막 장을 매듭
지으면서 "그 어느 민족도 덕이나 선을 독점하지 않는다"고 말한
다. 그리고 어느 문화·민족·종교도 악이나 추함으로만, 또는 선이
나 숭고함으로만 이루어진 것은 없다고 강조한다. 인간은 그리고
그 인간들이 구성하는 문화·종교·민족은 끊임없이 형성 중에 있
으며, 수천의 층과 복합적이고 상충적이기까지 한 성품들과 욕구
들로 이루어져 있기 때문이다. 야만성과 숭고함, 악과 선, 추함과
아름다움을 동시에 지니고 있는 인간의 특성을 잘 간파하는 것은
문화·사회·정치·종교의 세계를 분석하고 이해하는 데 매우 중요
하다.

곳곳에서 벌어지는 크고 작은 분쟁과 전쟁은 지금도 끊이지 않고 있다. 이러한 사건들로 우리는 인간의 야만성과 폭력성의 얼굴을 다시 마주하게 된다. 하지만 이런 분쟁으로 한 민족 또는 한 종교에 무차별 정죄로 결론짓는 것은 인간이 지닌 매우 복합적이고 역설적인 모습을 간과하는 일이다. '선'과 '악'의 이분법적 도식을 적용하면, 인류 역사에서 '순수 선'이나 '순수 악'을 지닌 종교나 민족은 그 어느 곳에도 없다. 어떠한 민족 또는 종교든 그 자체 안에 '죄의 역사'를 지니고 있기 때문이다. 이러한 사실은 왜 인간은—개인이든 집단이든— 자신들의 권력을 절대화시키려는 욕구와 유혹에서 벗어나기 위해 끊임없는 비판적 성찰을 해야 하는가를 상기시킨다.

유대인이자 나치 희생자의 한 사람인 한나 아렌트는 예루살렘에서 열렸던 루돌프 아이히만의 재판 과정을 지켜보면서, '독일 민족'과 같은 집단 또는 특정 개인을 전적으로 악마화할 수 없다는 사실, 그리고 그러한 악마성은 누구에게나 있다는 사실을 "우리 속의 아이히만(Eichmann in us)"이라는 용어로 드러냈다. 그래서 그의 아이히만 리포트인《예루살렘의 아이히만》은 〈악의 평범성에 관한 보고서(A Report on the Banality of Evil)〉라는 부제가 붙여져 있다. 이 책은 출판 당시 유대인들, 그리고 진보적 지성인들 양쪽 모두에게서 극도의 비판을 받았다. 왜냐하면 아렌트는 독일이나, 또는 나치나, 또는 아이히만을 악마화하지 않았을뿐더러, 우리 모두는 사실상 "아이히만적 악마성"을 지니고 있다는 사실, 그리고 이러한 '악'은 다름아닌 '비판적 사유의 부재(absence of critical thinking)'라는 아픈 진실을 드러냈기 때문이다. 아렌트의 이러한 날카로운 분석은 출판 후 한참 뒤에 재조명된다. 그 '아픈 진실'이 중요한 개념으로 평가받은 것이다.

지금도 여전히 한국에서, 시리아에서, 우크라이나에서, 팔레스타인에서 그리고 세계 도처에서 소중한 생명들이 제도에 의하여 그리고 정치적 권력에 의하여 폭력적 죽임을 당하고 있다. 이러한 폭력적 죽임과 죽음 이면에는 인간의 '권력에의 집착과 절대화'라는 야만성이 도사리고 있음을 기억해야 한다. 그리고 이러한 야만성과 폭력성은 한 민족 또는 종교에 이분법적이고 맹목적인 심판으로 없앨 수 있는 것이 아니다. 그 역사적 사건의 구체적 정황과 예민하게 연계시키고자 하는 우리의 개인적·집단적인 비판적 성찰, 그리고 사회정치적 개입과 행동을 통해서만이 견제될 수 있다. 이 사실을 다시 한번 우리 자신에게 상기시켜야 할 것이다. ◦

그런 '신'은 없다

나의 동료 교수가 한국을 방문했을 때 여의도에 있는 한 교회에 함께 간 적이 있다. 세계에서 가장 크다는 이 교회는 한국을 방문하는 학자들의 연구 대상이 되곤 한다. 나와 동료 교수는 맨 뒷자리에 앉았고, 수요일 저녁이어서 동시통역 서비스가 없기에 내가 대충 통역을 해 주며 예배에 참석했다.

그날 저녁 설교 담당자는 담임목사였다. 그런데 나의 통역을 통해 설교를 듣던 동료와 내가 어느 순간 '이제 충분하다'라고 거의 동시에 눈짓을 교환했다. 다른 사람에게 방해가 되지 않도록 뒷자리에 앉았었기에, 둘은 조용히 일어나 자리를 나왔다. 설교는 처음부터 '하나님께 충성하면 얼마나 큰 물질적 복을 받는지'에 대한 것이었다. 설교의 문장마다 교인들은 '아멘, 할렐루야'를 외치며 환호했다. 그들의 '아멘'과 '할렐루야'는 너무나 자주, 그리고 큰 소리로 외치는 기계적 구호 같아서, 정작 설교 내용을 듣기는 하는 것인가 의구심이 생길 정도였다.

노골적인 '축복의 자본주의화'된 설교 내용을 동료에게 통역하면서, 나는 고도의 인내심을 작동시켜야 했다. '하나님께 충성'은 결국 '교회와 목회자에게 충성'을 의미했다. 그리고 이 충성이란 헌금 많이 내는 '희생'을 하는 것이고, 목회자 말에 '절대적 복종'을 의미하는 것이었다. 그러면 '하나님'이 직접 음성으로 어디에 투자할지도 기도 중에 알려준다면서, 어느 대기업 사장을 예로 들고 있었다.

기업의 사장은 기도 중에 '직접' 하나님의 음성으로 계시를 받고 임원들이 모두 반대하는 곳에 투자를 했다고 한다. 결론은 놀라운 '축복'을 받아서 엄청난 이득을 보았다는 것이다. 교인들은 물론 이 부분에서 교회당이 떠나갈 듯 큰 소리로 '아멘'을 외쳤다. 나는 동료 교수에게 웃으며 "신이 직접 음성 메시지를 전달한 것을 보니, 한국어도 할 줄 아는가 보다"하고 말했다. 여기까지 통역을 하면서, 나는 더 이상 인내심을 작동시킬 의미를 가지기 힘들었다. 동료 교수도 마찬가지였다. 문제는 이런 현상이 그 교회의 특유한 것만은 아니라는 점이다. 소수의 교회를 제외한 대부분의 한국

교회가 이러한 '물질적, 성공 지향적 축복'을 그들의 주요한 '종교적 메시지'로 삼고 있다.

신학대학원에 소속되어 가르치고 있는 내가 종종 학생들에게 하는 말이 있다.

"그런 신은 존재하지 않는다(there is no such a god)."

경기에서 이기게 해달라 기도하면 이기게 해 주는 신,
자기 자식 좋은 대학 들어가고
좋은 직장에 취업하게 해달라 기도하면 붙여주는 신,
열심히 기도하고 (교회에) 충성하면
물질적 축복을 내려주는 신,
전쟁에서 이기게 해달라고 기도하면 들어주는 신,
질병을 낫게 해달라고 기도하면 병을 없애주는 신,
선거에서 이기게 해달라고 기도하면 승리하게 해 주는 신,
선거에 출마하라고 직접 계시해 주는 신,
특정한 곳에 투자하라고 기도 중에 알려주는 신,
부자들을 축복하고 가난한 사람들은 방기하는 신.

이런 신은 존재하지 않는다. '주고받음'의 틀에서 기능하는 '교환경제의 신(economy of exchange)'은 이 우주에 존재하지 않는

다. 이것은 나의 개인적 주장이 아니라, 인류 역사가 보여주고 있다. 제2차세계대전 이후 철학자·신학자들이 가장 고민했던 물음이다.

많은 이가 기독교 경전으로 간주되는 〈성서〉를 '교환경제의 신'을 대변하는 것으로 오용해 왔다. 특히 선거철이면 '성서'와 기독교 집단인 '교회', 그리고 신의 대변자처럼 행세하는 '목회자'들은 특정 정치인의 권력에의 욕망을 부추기는 데 이용되곤 한다. 성서-교회-기도-목회자는 연결고리로 묶여 특정 정치인의 '권력의 도구'가 되어 이용되고, 버려지곤 한다.

전 검찰총장이었던 이가 대통령 후보로 나섰을 때, 종교가 권력 확장의 도구로 이용되는 전형적인 예를 보여주었다. 초등학교 때는 개신교, 대학 때는 천주교, 직장인으로는 불교, 또 결혼 후에는 신종교 '도사'의 조언을 받으며 한국에 있는 다양한 종교와 연결되어 있는 모습으로 자신을 포장했다.

대통령 선거 기간 동안 그는 세계에서 가장 크다는 여의도의 한 교회로 '성서'를 들고 들어가고, 두 손을 모아 기도하는 연출을 했다. 기도하는 모습을 사진으로 찍기 위해 모은 그의 '기도 손' 모양은 참으로 어색했다. 그가 진정 기도를 했다면, 그 내용은 무엇이었을까. 너무나 예측 가능한 답이다. 집권 중에 그는 여러 종교 단체, 특히 집회를 하는 기독 종교 단체들에 다양한 메시지를 보내며 이익 행동을 부추겼다. 내란 혐의로 체포된 후에는 구치소에서 성서를 읽으며 마음을 다스린다는 소식을 언론으로 내보내며 여전히 기독교적 메시지를 놓치지 않았다.

그의 '기독교인 연기'는 노골적인 '교환경제의 종교'의 민낯을 그대로 드러낸다. 그는 교인들과 목회자들의 지지를 받을 것이라는 계산으로 '종교적 연극'을 아무런 수치심조차 없이 기꺼이 감행했다. 그러면서 한편으로는 수많은 무속 도사와 단체들의 이름이 끊임없이 거론되고 대통령 관저에서 민속신앙 행위를 했다는 소문이 흘러나왔다.

종교란 무엇인가. 신이란 어떤 존재인가. 종교인이 된다는 것은 어떤 의미인가. 기도란 무엇인가.

예수는 최후의 만찬에서 "서로 사랑하십시오"라는 새로운 계명을 말하며 빵과 포도주를 나눈다. 예수를 중심으로 모이는 기독교에서 가장 중요한 가치는 '함께 살아감'이다. 자기 자신을 사랑하듯 이웃과 원수까지 "서로 사랑하십시오"라는 예수의 가르침은, 이 '함께 살아감'의 심오한 의미를 담아낸다. 예수는 사람들이 '죄인'이라고 비난하는 주변부인들과 먹고, 마시고, 나누는 삶을 살았다. 종교, 계층, 젠더, 장애 여부, 국적, 성적 지향 등 그 모든 경계를 넘어 모든 인간과 '함께 살아가는 삶'을 살았다. 그 '함께 살아가는 삶'은 종교적 교리가 아니라 모든 인간의 정의, 평등, 연민에 토대를 둔 삶이다. 모든 경계를 넘어 모든 사람이 인간으로서의 권리와 존엄성을 구가하도록 연대하고, 책임성을 가지고 개입하는 '함께 살아감'이 바로 종교의 핵심인 것이다.

21세기 우리는 다양한 질병, 전쟁, 참사, 빈곤, 정치경제적 위기, 난민 위기, 생태 위기 등 다층적 위기를 대면하고 있다. 어른 사람은 물론 아이 사람들의 생명과 일상을 위협하는 현대 세계를 살아가고 있는 것이다. 이러한 때, 근원적인 종교적 물음을 다시 묻고, 대면하고, 씨름해야 한다.

"종교란 책임성이다, 그렇지 않다면 아무것도 아니다"라는 자크 데리다의 종교 개념을 상기해야 하는 이유다. ◦

발화 주체는 누구인가

2020년 추석을 전후해 가수 나훈아의 콘서트 이야기가 곳곳에 등장했다. 그가 불렀다는 〈테스형!〉이라는 노래에 관한 이야기다. 그 노래는 철학자 소크라테스를 '테스 형, 소크라테스 형'이라 부르며 "너 자신을 알라"라는 뜻을 모르겠다고 했다. 이 노래에 사람들은 반응했고 SNS에는 '마르크스 형' 등 다양한 사상가들이 '형'으로 등장했다.

〈테스형!〉에 환호하는 현상을 보면서 지금도 여전히 중심적 문제 중의 하나인 '발화 주체(speaking subject)'와 '발화 객체(spoken object)' 문제가 떠올랐다. 오랫동안 '유관순 누나'라는 표현에 문제 제기가 있어 왔고, 지금은 '유관순 열사'라는 호칭으로 불리곤 한다. 콘서트에서 나훈아는 유관순을 여전히 '누나'라고 불렀다고 한다. 그런데 이러한 '형' 또는 '누나'라는 호칭 방식은 왜 문제인가. 물론 그런 표현을 사용하는 사람의 의도와는 전혀 관계가 없다. 또 테스 형과 유관순 누나는 각기 다른 사회적 함의를 지닌다. 상상의 실험을 해 보자.

예를 들어서 사회적으로 영향력 있는 사람이 만약 '칸트 형', '맹자 형', '아렌트 누나', '하이데거 형' 또는 '안중근 형'이라는 호칭을 그의 일기장이나 SNS 같은 사적 공간만이 아니라, 칼럼 같은 공적 공간에서 지속적으로 반복해 사용한다고 해 보자. 영향력 있는 사람이 사상가·운동가에게 사용한 개인적 호칭은 개인적이기만 한 것이 아니다. '남성중심적' 시선을 자연적인 것으로 만드는 사회정치적 기능을 하게 된다. '테스 형' 또는 '마르크스 형'과 같은 호칭 방식은 최소한 세 가지 문제점을 지닌다.

첫째, 발화 주체가 '남성'인 것을 '자연적인 것'으로 만든다. '테스 오빠, 마르크스 오빠' 등으로 불린다면 어떤 사회적 함의를 지니는가. 발화 주체를 여성으로 만든다. 남성중심적 시선은 남성을 중심부에, 그리고 여성을 주변부에 두는 것을 매우 '자연스럽게' 만든다.

둘째, 한국 사회에 만연한 형-아우, 누나-동생 등의 생물학적 나이에 따른 '위계적 관계'를 자연스럽게 강화하고 지속한다.

셋째, 사상가들을 가족관계의 호명 속에서 '사적인 존재'로 전이시켜 버린다. 즉 그들의 사상적 유산이 지닌 중요한 보편적 함의를 지나치게 단순화하고, 왜곡시키기까지 한다. "너 자신을 알라"라는 구절은 나훈아의 노래 가사에 등장하듯 소크라테스가 '툭 내뱉고 간 말'이 아니라, 델피 신전에 새겨져 있는 것이며 이 구절의 의미는 매우 심오하다.

1960년대 이후 공적 영역에 등장한 다양한 사회개혁 운동은 그동안 사회 주변부에서 '발화 객체'로 존재했던 사람들이 스스로 '발화 주체'로 등장하기 시작한 역사이기도 하다. 민권운동이나 여성운동 그리고 퀴어운동은 백인들에게 늘 규정 받기만 하던 흑인들, 또 남성들에게 규정 받았던 여성들, 이성애자들에게 규정 받았던 성소수자들이 이제 '발화 주체'가 되겠다는 선언이다. 그런데 한국 사회에서 회자되는 레토릭들은 여전히 발화 주체가 남성이며, 나이에 따른 위계주의가 강력하게 작동한다는 것을 보여준다.

한국 사회에서 생물학적 관계가 없는 사람끼리 친근성의 형태로 자연스럽게 주고받는 형, 오빠, 누나, 언니, 동생 등의 표현은 그 '좋은 의도'에도 불구하고 부정적 함의를 지니기 쉽다. 이러한 호칭 방식이 지극히 사적인 자리에서 끝나는 것이 아니라, 공적 공간으로 들어가 문제가 되는 가치관을 확산하는 데 기여하기 때문이다. 또한 이러한 호칭 방식은 만나는 사람 간의 관계를 젠더 또는 생물학적 나이로 위계를 설정하거나 규정되게 한다. 한국 사회에서 젠더나 생물학적 나이를 넘어서는 우정이나 동료 관계가 거의 불가능한 이유가 되기도 한다.

소통의 도구로써 언어란 무엇인가. 대부분 우리는 언어란 단지 사람 간의 의사 전달을 위한 중성적 도구일 뿐이라고 생각한다. 그런데 언어는 한 사회의 가치관이 주입된 것이며, 그 가치관이 언어를 통해 자연적인 것으로 만들어지고 확산된다. 내가 독일에 있다가 미국 대학에서 처음 공부하기 시작했을 때, 한국이나 독일과 달리 미국 대학에서는 왜 그렇게 남성중심적 상징(하나님 '아버지' 등)이나 대명사, 명사들(폴리스'맨', 체어'맨' 등)이 문제라고 하는지 한동안 이해하기 힘들었다. 우리가 논의해야 할 더 중요한 문제들이 많은데 왜 '사소한 것'까지 신경을 쓰는가라고 생각했었다.

그러니 이 글을 읽으면서 유행가에 나오는 별거 아닌 '표현 하나까지 신경써야 하는가'라고 하는 분이 있을 수 있음을 충분히 이해한다. 나도 그런 자리에 있었기 때문이다. 그런데 배타적 언어(exclusive language) 문제가 얼마나 복합적인지 알게 된 지금은 포괄적 언어(inclusive language)가 왜 중요한지, 그것이 어떻게 사회정치적 함의를 지니는지 글로 말로 강조하게 되었다. 현재 내가 일하는 미국 대학은 교수의 강의 요목에 반드시 젠더, 인종, 성소수자 등을 배제하지 않는 포괄적 언어 사용 지침을 포함하도록 한다.

한 사회의 변화란 혁명적으로 단숨에 일어나지 않는다. 삶의 모든 영역에서 크고 작은 변화가 유기적으로 함께해야 한다. 법이나 제도 등 객관적 차원에서는 물론, 의식과 가치관 등 주관적 변화, 또한 개별인들의 의식 변화와 집단들에서의 변화 등 모든 개혁이 일어나야 한다. 수잔 앤서니Susan Anthony와 함께 미국 여성운동에서 가장 중요한 역할을 한 두 명 중 한 명인 엘리자베스 캐디 스탠턴Elizabeth Cady Stanton이 1895년과 1898년 두 번에 거쳐 출판한《여성의 성서(The Woman's Bible)》서문에서 한 유명한 말이 있다.

> 모든 개혁은 상호의존적이다.
>
> (All reforms are interdependent.)

여성의 참정권 획득이라는 정치 세계 변화에 일생 개입했던 캐디 스탠턴이 생애 말년에 비로소 경험한 것이 있다. 진정한 사회적 변화는 정치나 집단만이 아니라, 종교와 개별인까지 '모든 영역'에서의 변화가 요청된다는 중요한 점이다. 이것이 1895년, 스탠턴이 80세가 되던 해 논쟁적 책《여성의 성서》를 출판하게 된 이유이다.

한 사회의 평등과 정의의 원을 확장하는 것은 제도적인 변화만이 아니라 '사소해 보이는' 언어 사용 문제까지 세심하게 생각하면서 변화를 모색해야 한다. 우리의 인식 세계는 단번에 형성되지 않기 때문이다.

내 삶의 여정을 되돌아보아도 인식 세계의 전이들을 여러 번 경험했다. 여성, 인종 또는 성소수자 등 다양한 소수자에 대한 나의 인식은 조금씩 변화해 왔던 것이지, 단번에 그 문제들에 대한 지금의 의식이 동시적으로 형성된 것은 아니라는 것이다. 나는 미국으로 유학 오기 전, 한국이나 독일에 있을 때는 '페미니즘'이란 진정한 학문적 주제가 될 수 없다고 생각했었다. 또한 여성 스스로가 열심히 노력하면 성차별이란 불가능하다고 생각했던 적이 있었다. 미국에서 처음 성소수자를 대학원 세미나에서 만났을 때, 그가 '이상한 사람'이라는 생각이 들어서, 휴식 시간에라도 가능하면 멀리 있어야겠다고 생각한 적도 있다.

어찌 보면 매우 사소한 것처럼 보이는 한 대중가수의 "테스 형"이라는 호명 방식은 이렇게 작은 지점에서 출발하지만, 결국 사회의 전반적인 문제들과 연결되어 있다. 누가 발화 주체이며, 누가 그 명명의 중심적 자리에서 가치구조를 구성하고, 지식 체계를 생산하는가. 또한 그 자리에서 구성된 '지식'은 사람들에게 어떠한 인간관과 가치관을 주입하고, 재생산하게 하는가. 이런 매우 복합적인 문제들과 연관되어 있는 것이다.

'사소한 것'과 '중요한 것'을 판가름하는 우리의 일상적 기준들을 근원적으로 다시 점검할 필요가 있다. 그 누구도 배제되거나 평가절하되지 않는 '모두'가 중심이 되는 사회를 만들어 가기 위한 크고 작은 시도들을 하는 것이 우리의 과제일 것이다. ◦

버팀의 철학

최근 "잘 버텨라(Hang in there)" 라는 말을 각기 다른 두 사람과 나누었다. 한 사람에게는 내가 그 표현을 썼고, 다른 한 사람은 내게 그 표현을 써서 보내왔다. 그런데 두 사람과의 대화에서 이 말이 등장한 것은 우연한 일치인가. 그동안 나는 이 표현을 자주 쓰지 않았었다. 그러나 미국에서 흔히 쓰는 이 표현을 오늘 다시 생각하게 된다.

많은 사람이 세계 곳곳에서 그 누구도 대신 짊어질 수 없는 삶의 짐을 두 어깨에 지고 힘겨운 걸음을 내딛고 있다. '삶의 짐'에는 '반복성'과 '보편성'이 있다. 인간이라면 누구나 자기만의 짐을 지고 걸으며 그 삶의 짐은 방식이나 형태의 변화만 있을 뿐 계속된다. 하지만 그 반복성과 보편성이 우리 각자가 지닌 삶의 짐, 그 고유한 독특성을 상쇄하는 것은 아니다. 독감 같은 병에 걸린 후 '누구나 병에 걸린다'는 보편성을 인식한다고 해서 독감의 아픔이 사라지지는 않는다는 것이다.

살아간다는 것은 도대체 무엇인가. 무수한 철학자와 사상가가 인간 삶에 대해 다양한 지식과 이론을 남겼고, 또 제공하고 있다. 그런데 철학자들이 제시하는 어떤 이론 하나가, 지금 여기의 나에게 전적으로 들어맞는 게 있는가. 없다. 마음에 드는 철학이 있다면, 많은 참고서 중의 중요한 하나로 간주해야만 한다. '시대의 스승' 또는 '시대의 멘토' 같은 표현에 내가 거부감을 느끼는 이유다.

오래전 나의 책 출판 기념 강연장에서 '우리 시대 인문학 멘토'라는 표현을 보았다. 안내 포스터 저자 사진 밑에 쓴 문구였다. 그것을 보고 담당자에게 "다음에는 저런 표현을 쓰지 않으면 좋겠다"고 웃으며 말했다. 출판하면 그 책이 잘 팔려야 한다는 현실, 그리고 저자를 '포장'해야 유리하다는 그 딜레마를 안고서 출판계에서 그런 표현들을 쓰곤 한다. 이 현실을 알기에 내가 단순하게 불편함을 표현할 수 없음을 이해한다. 그래서 웃음과 함께 나에 대한 '과대포장'의 불편함을 알리곤 한다.

도대체, 누가, 어떻게 이 '시대의 멘토', 또는 '인문학의 멘토'가 될 수 있단 말인가. 인간의 모든 지식이란, 아무리 위대한 사

모든 존재는 행복할 권리가 있다

상가일지라도 자신의 구체적 정황 속에서 구성된다. 모든 지식이란 특정한 정황과 맥락에서 만들어지고 해석된다는 '상황지워진 지식(situated knowledge)' 개념이 등장하는 이유다. 아무리 훌륭한 삶을 산 사상가, 종교인, 정치인, 교육자, 철학자들이라도 그들 모두 장점만이 아니라, 크고 작은 한계와 단점을 지닌 인간이다. 소위 '영웅적 삶'을 살았다는, 칭송받는 인물에 대해 내가 별로 흥미를 느끼지 않는 이유다.

인간은 이러한 자신만의 한계들, 딜레마들, 혼돈들 한가운데서 좌충우돌하며 하루하루를 살아내고, 견뎌내는 생존자들(survivors)이다. 각자 삶의 짐의 무게를 객관적 잣대로 비교하는 것은 불가능하다. 또 삶의 무게를 비교한다면 즉시 위계가 구성된다. 누구의 짐이 더 무겁고 위대하고 가치가 있다고 여겨지는 것이다. 이러한 삶의 짐의 위계화는 아픔을 비인간화하는 행위가 시작되는 지점이다.

오늘도 나는 나 자신에게, 나의 가까운 타자들에게, 그리고 내가 개인적으로 모르는 먼 타자들에게 나지막이 전한다. 오늘 하루도 잘 버텨 내라고. 그저 잘 견뎌 내라고(Just hang-in-there). 그리고 이 살아있음의 희열을 느끼게 하는 '좋은 것'들과 만나기 위한 의도성과 용기를 작동시키라고.

'언제나'가 어렵다면 '간혹'이라도. ◦

'시대의 스승'이란 없다,
동료-인간이 있을 뿐

한국 미디어에 종종 등장하는 독특한 표현이 있다. 누군가를 '우리 시대의 어르신', '우리 시대의 스승', 또는 '시대의 멘토'라고 지칭하는 표지이다. 그런데 어떤 특정한 사람에게 붙여지곤 하는 이러한 표지는 복합적인 사회적 가치구조를 담고 있다. 이러한 표지는 의도와 상관없이 한국 사회가 지닌 '다층적 위계주의'가 생산되고 재생산되는 장치가 되기도 한다. 미디어는 주로 노령의 남성 학자, 또는 종교 지도자, 작가, 정치가, 교수 등에게 '우리 시대의 스승(어르신)'이라는 표제어를 사용하면서 그들에 대한 찬사를 생산·재생산한다. 이러한 과장된 표지는 우리가 자신·타자·세계를 보고 해석하게 하는 '보기 방식(mode of seeing)'을 구성하는 데 부정적 영향을 주는 것을 마치 당연한 것

모든 존재는 행복할 권리가 있다

으로 만든다. 누군가를 시대의 어르신, 스승, 멘토라고 지칭하는 것은 우선 다음과 같은 두 가지 문제점을 지닌다.

첫째, 그 사람의 삶의 방식이나 이론 생산 방식에 대한 찬양에서, 사용자의 의도와 상관없이 젠더 차별, 계층 차별, 나이 차별, 학력 차별, 직업 차별 등의 차별적 가치구조를 생산·재생산한다. 많은 경우 시대의 스승, 어르신, 또는 멘토로 호명되는 이들은 주로 남성·중산층·종교 지도자·정치 지도자·고학력자, 또는 일정 나이가 지난 고령의 전문가들 등이다. 소위 시대를 대표한다고 하는 삶의 구조가 이러한 차별적 가치구조에 의해 구성되는 것이다.

둘째, 학자 또는 전문가에 대한 지극히 단일한 이해를 고착시킨다. 예를 들어서 학자나 연구자로 이론을 만들고 책을 쓰는 것은 일상적 삶과 '고고하게' 떨어져 서재에서만 이뤄진다는 고정된 이미지를 생산하는 것이다. 그렇기에 평범한 일상에서 매일 씨름하며 노동과 작업을 병행하는 다양한 전문가들에게 '시대의 스승·어르신'이라는 표지를 붙이지 않는다. 주변에서 쉽게 접근하고 만날 수 있는 얼굴들이기 때문이다.

얼마 전 타계한, '시대의 스승'으로 호명된 모 교수에 대한 뉴스 기사를 보았다. 그는 평생 자신의 서재에서 살았고 서재에서 읽고 쓰기만을 했다고 한다. 그랬던 그를 이 '시대의 스승'이라고 호명할 때, 많은 이가 '학자로서의 삶'과 한 '인간으로서의 삶'이 마치 상관없는 것처럼 생각하게 된다. 평생 서재에서만 지낸 '시대의 스승'은 구체적인 삶에서 필요한 일들과는 상관없이 존재한다. 결국 함께 살아가는 타자들과의 오늘의 현실을 외면하는 것이 학자의 삶이라는 왜곡된 이해를 만든다.

일생 글쓰기와 읽기만을 한 사람이라면, 우리는 어떤 방식으로 그를 '스승'으로 삼고 살아감의 통찰을 얻을 수 있을까. 또 그의 생물학적 생존을 위해 절대적으로 필요한 일들은 누가 감당했을까. 그가 먹는 매일의 세 끼 식사는 누가 준비했으며, 그의 옷은 누가 빨고, 그의 서재는 누가 청소했을까. 그는 시장에 가서 자신의 생물학적 생존을 위해 끝도 없이 필요한 물건들, 음식들을 사 본 적이 있을까.

한나 아렌트는 인간에게 필요한 일을 노동(labor)과 작업(work)으로 구분한다. '노동'은 동물이든 인간이든 생명을 지닌 존재들의 생존을 위해 필요하다. 반면 '작업'은 인간이 동물로부터 구별되는 일이다. 작업은 생존 유지를 위해 필요한, 노동의 단순한 반복성을 넘어선다. 책을 읽고, 사유하고, 그림을 그리고, 글을 쓰고, 다양한 작품을 만드는 것과 같이 한 개별인으로서의 '나'가 되어서 하는 일이다. 이러한 작업은 인간이 동물성(animality)만이 지배하는 삶의 테두리를 넘어서서, 인간성(humanity)을 확장하고 유지하는 데 필요하다. 노동은 생명 유지에 필요한 그 중요성에도 불구하고, 그 노동이 한 그룹의 사람들에게만 강요될 경우 파생되는 문제는 심각하다.

노동은 무한 반복되는 일이지만, 뒤에 남기는 것이 없다. 예를 들어 가사 노동을 전담하는 경우, 그 노동에서 개별인의 창의성은 매번 작동될 필요가 없다. 가사 노동 전담자는 쉬지 않고 매일 일해야 하며, 그렇게 일해도 임금 노동자처럼 연금이 쌓이는 것도 아니다. 또 사회에서 인정하는 경력으로 이력서에 쓸 수 있는 것도 아니며 오히려 가사 노동 경력이 쌓일수록 사회적 무능자의 범주로 들어갈 뿐이다. 결국 무한히 반복되고 끝없이 요구되는 가사 노동의 자취는 공적 세계에 아무런 흔적을 남기지 않는다. '보이는 결과물'도 없이 지난한 반복이 있을 뿐이다.

예를 들어 한 번 집 청소를 했다고 계속 청결이 유지되지는 않는다. 한 번 식사 준비와 설거지를 했다고 다신 안 해도 되는 게 아니다. 요리하고, 시장보고, 세탁하고, 청소하는 일은 끊임없이 반복해야 한다. 또한 인간은 누구나 이런 가사 노동이 있어야 생존할 수 있다. 그리고 누군가의 가사 노동에 의해 쓰기, 읽기, 강의하기 등 공적 영역과 관련된 작업(work)을 할 수 있는 시간과 에너지를 공급받는다.

'시대의 스승'으로 호명된 사람들은 많은 경우 자신의 전문적 작업에 필요한 일상적 노동, 즉 요리하고, 청소하고, 세탁하는 일과 거리가 있다. 자녀가 있다면 가사 노동의 리스트는 한도 없이 길어지는데 이런 것과 상관없이 시대의 스승은 '고고하게' 서재에서, 연구실에서 묻혀 지내는 경우가 많다. 즉 '돌봄의 시혜자(care-giver)'가 아니라, '돌봄의 수혜자(care-taker)'로 생활하는 경우가 많은 것이다.

사회 구성원들의 삶은 이 두 역할과 경험이 각각 조화와 균형을 이룰 때 보다 평등하고 자유로운 사회가 된다. 가족, 연인 등 모든 친밀성의 관계에서 한 개별인이 돌봄 노동의 시혜자이자 동시에 수혜자로서 살아갈 때, 행복한 삶의 의미가 구성될 수 있다는 것이다. 한 그룹의 사람은 평생 가사 노동의 시혜자가 되고 다른 그룹은 수혜자만 한다 치자. 일상에서 자신과 타자를 구체적으로 돌본 경험이 없다면 '보통 사람'들의 삶의 문제를 이해하는 것은 거의 불가능하다.

에마뉘엘 레비나스는 하이데거의 중요한 철학적 개념인 현존재(Dasein, 직역하면 '거기-존재')가 지닌 한계를 "현존재는 결코 배고프지 않다(Dasein is never hungry)"라는 한 문장으로 밝힌다. 구체적인 일상의 경험과 무관하게 구성되는 철학이 지닌 지독한 한계성을 명확하게 지적하는 것이다. 제2차세계대전 때 전쟁 포로로 수용소 생활을 하고, 가족들이 나치에 의해 죽임을 당하는 절절한 현실 세계의 경험들은, 레비나스가 타자와 사물을 보는 '보기 방식 (mode of seeing)'의 핵심적 토대를 이룬다. 추상적인 어떤 개념이 아닌, 인간의 생생하고 구체적인 '얼굴'이 바로 가장 중요한 윤리가 시작되는 자리다. 레비나스에게서 이러한 윤리란 생생한 '얼굴'을 지닌 타자에 대한 무한한 책임성이며, 이러한 책임성의 윤리야말로 '제1의 철학'이다.

한국 사회에 등장하곤 하는 '시대의 스승'이나 '어르신'들은 종종 보통 사람들의 일상 세계에 굳건히 뿌리내린 경험이 부재한, 즉 추상적 사변 세계에 머물기만 했던 이가 많다. 레비나스가 하이데거의 '현존재' 개념을 비판하면서 사용한 "결코 배고프지 않은 현존재"인 경우가 많은 것이다. 그 누구도 '배고프지 않은 사람'은 없다. 여기에서 '배고픔'이란 인간의 '의식주'가 포함된 일상을 상징하는 표현이다. 그렇다면 그런 그들이 건네는 인생에 대한 가르침이 평범한 사람의 삶에 어떤 의미가 될까. 다양한 환경에서 씨름하고 있는 사람들, 목마르고 배고픈 사람들에게 배고프지 않은 목소리가 과연 도움이 될 수 있을까.

인간 삶의 복합성과 시대적 복합성을 아우르며 그 시대를 총망라하는 '시대의 스승'이란 사실상 불가능하다. 또 얽히고설킨 이 현실 세계의 다양한 현장에서 그때마다 우리에게 필요한 것은 굉장한 '스승'이나 '어르신'이 아니다. 장점만이 아니라 단점과 한계를 지닌 존재가 바로 인간이다. 그러한 인간으로서 나의 삶을

'함께' 걸어가며, 서로를 지켜봐 주고 격려해 줄 수 있는 존재가 바로 '동료-인간'이다.

특정한 사람에게 이상화된 찬사를 경계해야 하는 이유다. ○

모든 존재는 행복할 권리가 있다

무엇이 나를
행복하게 하는가

내가 사는 텍사스에서 비행기로 서너 시간 걸리는 미국 동부에 살고 있는 친구가 있다. 멀리 살기에 주로 전화로 안부를 주고받곤 한다. 그런데 그가 전화할 때마다 내게 묻는 첫 마디가 있다.

"안녕, 남순, 그대는 행복한가?"
(Hi Namsoon, are you happy?)

대부분의 사람은 '어떻게 지내는가(How are you)?'로 말문을 떼는데, 그는 거의 매번 답하기 매우 어려운 질문으로 대화를 시작한다. 돌연히 나에게 행복이란 무엇인가, 나는 그 행복을 구성하는 삶의 조건들을 지니고 있는가, 나는 행복을 이루기 위해 무엇을 해야 하는가, 라는 물음을 생각하게 한다. 전화로 이 말을 들을 때마다, 내 머리에서는 이렇게 릴레이 질문들이 이어진다. '행복하다' 또는 '행복하지 않다'의 경계를 긋는 것은 얼마나 어려운가. 이러한 질문으로 나의 삶을 비로소 들여다보면서, 많은 것들을 고민하게 하는 것이다.

　지난 주말, 한 학생이 자살했다. 학생이나 교직원의 죽음을 알리는 이메일을 받을 때는 두 종류가 있다. 병이나 사고로 세상을 떠난 경우, 그리고 자살했을 경우다. 병이나 사고로 떠났을 때는 대부분 병명이나 사고 종류를 밝히곤 한다. 자살의 경우 그러한 배경 설명이 없고, 상담받을 수 있는 여러 링크가 덧붙여 있다.
　자살한 학생은 음대 4학년이다. 대학 오케스트라와 앙상블에서 단원으로 활동했다고 한다. 내가 일하는 대학에 학생이 1만 2천여 명이 넘으니 내가 개인적으로 아는 이는 아니다. 그런데 왜 그는 생을 저버렸을까. 스스로 죽음을 선택한 사람들이 왜 그런 선택을 했는지에 대해서는 누구도 알 수 없다. 다만 우리가 짐작할 수 있는 것은 스스로 삶을 매듭짓겠다 결심하는 이들은 그 어떤 이유에서든 실존적 불안감, 각기 다른 지독한 삶의 부조리, 그리고 무의미성과 대면한다는 것이다. 이러한 의미에서 '자살-일반'이란 없다. 매 죽음마다 다른 죽음과 대체 불가능한 이유, 색채들이 있는

　　　　모든 존재는 행복할 권리가 있다

것이다. '자살했다'는 이유 하나로, 그의 삶을 부정하거나 '실패한 것'으로 규정할 권리는 우리 누구에게도 없다. 이러한 인식의 확장은 모든 생명의 존엄성을 체현하는 중요한 출발점이다. '실패한 삶'이란 없다.

정치, 경제, 종교, 교육 등 거시적 영역의 문제도 결국은 내 삶의 미시적 영역과 잘 만날 때 그 의미가 있다. 사회, 정치, 경제적 구조가 개인들의 물적 토대를 안정되게 만들고 사회보장제도가 잘 마련되었다 해도, 한 개별인의 삶이 무의미와 공허로 가득하게 되면 죽음을 택하기도 한다.

세계에서 가장 강력한 권력을 쥐고 있다는 미국이라는 나라에서, 본인이 원할 때까지 일할 수 있는 종신직 대학 교수는 표면적으로 안정되게 살아갈 요소를 모두 지닌 것으로 보일 수도 있다. 그런데 아무리 객관적으로 행복할 조건처럼 보인다 해도, 그것이 자동적으로 개별인에게 행복감이나 희망을 보장해 주는 것은 아니다. 그래서 더욱 이 "행복한가"라는 질문은 한 개인에게 내면 세계와 마주하게 하는 철학적 사유를 만나게 한다.

삶의 의미와 행복감을 느끼게 만드는 것은 '나에게' 무엇인가. 무엇이 '나의 삶'에 가장 소중한가. 그 소중함을 지켜내기 위해 나는 어떠한 행동과 결단을 해야 하는가. 이러한 내면적 질문을 계속 생각해야 하는 이유다. 그렇지 않다면 정치나 종교에 선동되어

타율적 삶을 이어갈 뿐, 정작 자신의 고유한 삶이나 행복의 조건들에 대하여 아무런 생각조차 하지 않게 된다. 전형적인 미성숙의 삶, 타율성의 삶을 살아가게 되는 것이다. 거시 정치나 주제에는 관심하고 분노하고 연대하지만, 정작 자신의 고유한 삶과 관련된 미시적 주제들은 방치하고 생각조차 하지 않을 때, 심각한 실존적·존재적·사회정치적 위기를 지속적으로 생산하게 된다. 개인들이 불확실성보다 확실성만을 추구하면서, 쉽게 분노와 증오를 부추기는 말에 선동되는 삶을 살기 때문이다.

확실성이 상품화되는 시대, 나 자신의 삶을 생각하고 들여다보는 것은 점점 어려워지고 있다. 소셜 미디어는 타자에게 보여주기식 삶을 자연화하고, 획일화된 행복을 생산하고 재생산하고 있다.

종교는 사람들에게 이 종교만이 행복을 가져다준다는 확실성을 판다. 정치인들은 자신의 정당과 정치만이 행복을 보장한다는 확실성을 판다. 무수한 광고들도 자신의 제품이야말로 편리함과 행복감을 준다는 확실성을 판다. 자신의 내면적 사유는 부재한 채, 반복되는 허구적 확실성의 상품들을 접하다 보면, 보이지 않는 손에 의해 조종되어 개별성을 상실하고 만다. 그렇게 타율적 삶의 덫에 점점 더 깊이 빠지게 된다. 내 삶의 의미와 행복은 소위 베스트셀러 작가, 시대의 멘토, 종교 지도자, 정치가 또는 전문가라는

모든 존재는 행복할 권리가 있다

사람들이 제시할 수 있는 것이 아니다. 그 누구도 행복의 매뉴얼을 제공해 줄 수 없으며 행복이란 오로지 나의 몫이기 때문이다.

다층적 위기의 시대, 뉴스를 보는 것은 참으로 고통스럽다. 뿐만 아니라 세계 곳곳에서 벌어지는 이상 기후 현상들, 통제 불가능한 질병들, 거짓과 증오의 레토릭이 사회와 정치 세계를 채우고 있다. 이런 시대에 "행복한가"라는 물음을 주고받는 것조차 사치로 느껴진다. 하지만 이러한 절망적 시기에 오히려 근원적 물음과 대면하는 것이 더욱더 절실하게 필요한지 모른다. 거시적 문제만 쳐다보다가 잊었던, 정작 나라는 미시적 세계에는 부재했음을 알아차리고 삶의 위험성에서 나를 끄집어내는 지점이기 때문이다.

"행복한가"라는 물음은 무엇이 나를 행복하게 하는가, 나의 행복을 위해 나는 무엇을 해야 하는가, 라는 물음의 릴레이로 이어진다. 나 외부에 있는 그 어떤 것이 나 대신 행복의 확실성을 보장해 주지 않는다. 이러한 물음과 마주하는 것이 때로 힘들더라도, 스스로 질문 앞으로 자신을 초대해야 하는 이유다.

여타의 확실성의 상품을 믿지 말고 불확실성을 끌어안으며 나의 삶을 의미롭게 만드는 한걸음을 내디뎌야 한다. 나를 미소 짓게 하는 일을 확장하고 보호하기 위해 새로운 용기를 내야 한다. 나의 고유한 삶을 꾸려나가는 것은 오로지 나의 과제이다. 이것이 바로 이 절망의 시기 한가운데서, 살아있음의 의미를 스스로 창출하고 부여하는 하나의 방식일 것이다.

　　나는 행복한가.

　　무엇이 나를 행복하게 하는가.

　　나의 행복을 지켜내고 만들어 가기 위해서,

　　나는 무엇을 결단하고 행동해야 하는가.

　　이러한 물음들과 조우하는 것, 이 절망적 세계의 늪에 침몰하지 않고 '그럼에도 불구하고'를 창출하는 내 삶에로의 초대장이다. ◦

내가 춤출 수 없다면

만약 내가 춤출 수 없다면,

그것은 나의 혁명이 아니다.

(If I can't dance, it's not my revolution).

이 문구의 함의는 매우 깊다. 한 사회의 변화를 위해, 또 크고 작은 공동체의 변화를 위해 언제나 기억해야 할 '정신'을 담아내고 있기 때문이다. 이 말은 현상 유지에 몰입하는 사람들에게는 큰 의미가 없다. 그들은 근원적 변화를 모색하는 은유로서의 '혁명'에는 관심이 없기 때문이다.

이 말을 누가 했는지는 정확하지 않다. 20세기 중반 유럽과 캐나다·미국에서 중요한 '진보 운동가'였던 러시아 출신 정치 활동가이자 작가인 엠마 골드만_{Emma Goldman}의 말이라 하기도 한다. 영어권에서는 이 문구가 들어간 티셔츠나 토트백이 만들어지기도 한다.

이 문장은 다양한 사회정치적 변혁운동이 입장과 관점의 상이성을 허용하지 않고 하나만을 절대화하고 강요할 때, 그 '혁명'은 근원적 딜레마에 봉착하게 된다는 것을 명확하게 보여준다. 소위 '진보'라고 자처하는 단체나 사람들이 언제나 기억하고 비판적 성찰을 하도록 촉구하는 '의미심장한 경고'이기도 하다.

나는 개인적으로 '진보-보수'의 표지를 일반화해서 사용하는 것을 가능하면 피한다. 왜냐하면 '진보-보수-일반'이란 많은 경우 왜곡된 이해를 하게 하기 때문이다. 예를 들어 인종 차별 철폐에 앞장서 활동한다고 해서, 성 차별을 적극 반대한다고 해서, 성소수자의 권리를 옹호한다고 해서 그 개인이나 집단이 '모든 문제'들에 복합적인 시각을 가지고 있을까? '진보적 입장'을 가지지 못하는 경우도 많다. 또 인종적 정의를 부르짖는 사람이 성소수자 차별 의식이 왜 문제인지조차 모르기도 하고, 젠더 정의를 위해 활발히 활동하는 이들이, 자신 속에 은닉된 백인 우월주의나 계층 차별의 문제는 보지 못하는 경우도 많다.

그뿐인가. 어떤 특정한 사안에 자신들과 관점이 조금이라도 다르면 정의의 이름으로 가차 없이 '적'으로 내몰고, 그 어떤 비판적 문제 제기조차 근원적으로 봉쇄하는 단체나 개인도 무수히 많다. 나·우리의 입장을 절대시하면서 너·그들의 인권은 조금도 고려하지 않는 반인권적 '진보'가 곳곳에 있는 이유다. 변화를 모색하는 과정에서 입장과 관점의 '상이성'은 어디에나 존재한다. 그렇기 때문에 상이한 관점이 나왔을 때는 인내심 있는 토론과 대화로 상대방의 관점에 설득되기도 설득하기도 하면서, 지평을 확장하고 복합화하는 중요한 계기로 삼아야 한다. 그렇지 못할 때 진보는 분열되고, 영향력은 축소되고, 사람들은 그 '진보' 그룹이 올바른 이야기를 해도 더는 신뢰하지 않게 된다.

클린턴 정부 때 노동부 장관을 역임하기도 했고 《자본주의를 구하라: 소수가 아닌 다수를 위해(Saving Capitalism: For the Many, Not the Few)》(2016)를 쓰기도 한 로버트 라이시Robert Reich 교수는 책과 동일한 제목의 다큐멘터리를(2017)[*] 만들었다. 이 다큐멘터리의 마지막 장면에서 변화를 위해 일하려는 시민 운동가(citizen activist)를 위한 중요한 제시안을 내놓는다. 124cm의 단신이며 다큐멘터리를 찍을 때 70세가 넘었던 그는, 장난스러운 춤을 신나게 추면서 다음의 세 가지 당부를 한다.

---

[*] 이 다큐멘터리는 2025년 5월 기준 한국 넷플릭스에서 볼 수 있다. 제목은 〈로버트 라이시의 자본주의를 구하라〉이다.

끈기와 인내심을 가지기(You've got to be tenacious and patient)

당신의 입장에 동의하지 않는 사람들과 대화하기

(Talk to people who disagree with you)

즐겁게 하기(Have some fun)

그는 왜 '자본주의' 문제를 논하는 심각한 이야기를 매듭지으면서, 익살스러운 춤을 추었을까. 오랜 시간 변화를 위해 일한 라이시의 세 가지 당부, 나는 춤추며 전한 이 장면을 다큐멘터리 중에서 가장 인상 깊게 보았다.

"만약 내가 춤출 수 없다면, 그것은 나의 혁명이 아니다." 이 말은 자신 속에 인식론적 사각지대의 가능성을 상기해야 함을 알려준다. '춤추기'의 은유는 '하나의 입장이나 관점에 고착되어 있지 말고, 끊임없이 다양한 관점과 복합적인 시선을 학습하면서, 하나에 고정되는 것을 의도적으로 거부하는 것'이라고 나는 본다. 우리는 사유-판단-행동을 지속적으로 성찰하면서 다양한 파트너와 수많은 몸짓을 즐겁게, 그리고 인내심을 가지고 부단히 연습해야 한다

계몽주의의 모토 "감히 스스로 생각하라(Date to think for yourself)"를 이 경우에 적용하자면, 외부에서 주입되거나 선동에 의한 판단이 아니라 "감히 스스로 판단하라"를 생각해야 한다. 입장과

관점의 상이성은 '틀리거나 나쁜 것'이 아니다. 인내심 있는 대화와 토론을 통해 서로의 인식 지평을 확장하는 것 — 진정한 변화를 모색하는 이들이 늘 상기해야 할 점이다. ○

우리는 '생존 기계'가 아니다

매 학기 첫 수업에서 학생들과 자기소개하는 시간을 가진다. 나는 학생들에게 두 가지 항목을 자기소개에 포함하라고 한다. 하나는 자신이 씨름하고 있는 질문, 그리고 다른 하나는 자신이 마음속에 품고 있는 개념이다. 이렇게 새로운 방식으로 소개를 하면서 자기소개 시간이 생동적이고 풍성해졌다. 이전에는 이름, 전공, 그리고 학위 프로그램이 주가 되었던 상투적인 '무채색의 소개'가, 개별성을 드러내는 '유채색의 소개'로 바뀐 것이다. 그리고 학생들의 자기소개가 끝나고 나면, 이제 한 학기를 함께할 선생인 나를 소개하는 차례다.

나는 학생들에게 학교 웹사이트에 나와 있지 않은 '강남순'에 대하여 알고 싶은 것이 있으면 질문하게 함으로써 나를 소개하

모든 존재는 행복할 권리가 있다

는 시간을 가진다. '강남순에 대하여 질문'하라고 하면 모든 학생의 눈이 호기심으로 가득해진다. 나는 이렇게 학생들의 호기심에 찬 눈빛과 표정들이 모아지는 그 순간, 선생으로서의 보람과 즐거움을 느낀다.

누군가에게, 또는 무엇인가에 호기심을 갖는 것은 자동적으로 오지 않는다. 연습해야 한다. 호기심은 질문으로 이어진다는 점에서, 호기심과 그에 따른 질문은 '관계의 시작'이다. 또한 모든 철학적 사유의 출발이기도 하다. 자신과 함께하는 사람에게 호기심을 가지는 '연습', 모임에서 만나는 사람이나 주제에 호기심을 작동시키고 확장하기 위한 질문의 '연습'은 표피적 관계를 넘어 의미로운 관계로의 전이를 가능하게 한다.

'강남순'에 대해 질문하라고 하자, 여러 흥미로운 질문이 나왔다. 그중에서 내 마음에 남는 2개의 질문이 있다. 하나는 '지금 하고 있는 일을 하게 된 결정적 계기나 특별한 이유가 있는가'이고, 또 다른 하나는 '내가 생각하는 가장 이상적인 날(ideal day)은 어떤 날인가'다. 이 두 질문은 나의 개인적 삶과 공적 삶을 다각도로 들여다보도록 초대하는 풍성한 물음이었다.

"나는 지금 하는 일을 어떻게 시작하게 되었을까. 그리고 내가 행복하게, 의미롭게 여기는 '이상적인 날'은 무엇이며, 그 이상적인 날을 구성하는 요소에는 무엇이 있는가."

'인간은 누구인가, 인생의 의미는 무엇인가.' 이 질문은 고등학생 시절부터 나를 찾아온 물음이었다. 결국 이 질문 덕분에 대학에서 철학적 또는 종교적 담론들을 가르치고 글을 쓰게 되었다. 그렇다고 해서 나의 생각이 수학 공식처럼 늘 고정되어 있는 것은 결코 아니다. 지금 하는 일을 어떻게, 왜 하게 되었는가는 셀 수 없이 많은 무수한 결이 추상화처럼 서로 얽혀 있기 때문이다. 정황에 따라 단편적으로 표현할 뿐이다.

이러한 맥락에서 내게 '이상적인 날'을 구성하는 것 역시 고정된 것은 아무것도 없다. '이상적인 날'을 구성하는 것은 나의 가치관, 갈망, 기대의 색채를 드러내지만, 정황에 따라 각기 다른 결을 드러낸다. 오히려 언제나 고정되어 있는 답이 없기에, 우리는 그 물음들과 조우하고, 새로운 '이상적인 날'들의 기준을 만들어가고 확장할 수 있다.

학생들로부터 받은 이 질문들은 기계적으로 돌아가는 것 같은 일상적 삶에서 잠시 멈추어 서서 나의 과거, 현재, 그리고 만들고 싶은 미래를 생각하도록 하는 중요한 초대장 기능을 한다. 이 초대장으로서의 질문을 독자들께도 전해본다. 이 두 가지 질문은 일상을 무심히 살아가던 우리를 돌연히 새로운 생각으로 초대한다.

지금 당신이 하고 있는 일을 하게 된 결정적 계기나 특별한 이유가 있는가.

당신이 생각하는 가장 '이상적인 날'은 어떤 날인가.

"우리는 기계가 아니다."

전태일이 외친 이 절규는 다양한 정황에서 살아가는 우리 각자에게 던져지는 질문이기도 하다. 이 질문은 자기 자신도 모르게 점점 '생존 기계'로 살아가기 쉬운 현대의 삶에서 잠시 멈춰서, 살아감의 의미와 행복감을 주는 '이상적인 날'은 어떤 것인지 생각하게 한다. 한 번뿐인 나의 삶에서 놓치고 있는 것은 무엇인가. 그저 생물학적으로 삶을 이어가는 '생존 기계'가 아니라, '살아있는 존재'로 무엇을 이루고 싶은가.

단순한 듯한 질문이 종종 수많은 결과 연결되어 복합적인 성찰의 시작이 되기도 한다. 이러한 질문을 출발점으로 잠시라도 사유와 성찰의 여행을 떠나면, 그 도착 지점은 자신도 예상하지 못한 상상의 시공간이 된다. 그리고 그 상상의 세계를 구체적인 현실로 만들기 위해 동기와 열정을 창출하기도 한다. '순간의 여행'을 통해 우리 각자가 단지 생존하기 위해 먹고, 자고, 일하는 '생존 기계'가 아니라, 대체 불가능한 고유성을 지닌 '개별성의 존재'임을 재확인하게 되는 것이다. 내가 누군가에게 던진, 또는 누군가로부터 받은 질문을 통해 그동안 잊었거나, 억눌렸거나, 발견하지 못했던 세계를 여는 것이다.

사람과 사물에 호기심을 품는 것, 그리고 그 호기심을 '풍성한 질문'으로 연결시키는 연습을 부단히 해야 함을 자기소개 시간을 통해 다시 배운다. 타자에 대한 호기심만이 아니라, 자기 자신에게 호기심을 지속적으로 가지는 연습을 해야 한다. 호기심을 품고 질문하는 것을 '쓸모없는 짓'으로 억누르는 시대를 넘어서는 연습을 해야 한다.

그래서 내가 어떤 삶을 살고 싶은지, 무엇이 나를 행복하게 만드는지, 무슨 일을 할 때 나는 의미를 느끼는지, 어떤 공간에서 또는 어떤 사람과 있을 때 내가 지순한 미소를 짓고 행복감을 느끼는지, 나 자신에게 그리고 나와 함께 살아가는 동료-인간에게 묻고 궁금해하는 연습을 하며 살아가자. 그렇지 않다면, 우리의 살아감이란 그저 '생존 기계'로 변모하여 황량하고 상투적인 무채색으로 남아있을 것 아닌가. ◦

나는 희망한다,
고로 존재한다

희망이란 무엇인가: 희망하는 존재, 인간

희망이란 무엇인가. 이 물음은 결코 단순하지 않다. 역사에서 무수한 사상가들은 이 희망의 문제에 대해 다양한 방식으로 사유해 왔다.

인간만이 과거, 현재 그리고 미래라는 시간 개념을 가지며 살아간다. 마틴 하이데거가 그의 책 《존재와 시간(Being and Time)》에서 강조하는 것이다. '희망한다'는 것은 언제나 미래를 향해 있다. 그렇기에 미래라는 시간 개념이 부재할 때, '희망한다'는 불가능하다. 이 점에서 보자면 인간만이 '희망하는 존재'라고 할 수 있다. 희망한다는 것은 나의 인간됨을 확인하는 중요한 기준이기도 할 것이다.

'희망한다'는 것은 '지금'은 없지만 이루고 싶은 삶, 경험하고 싶은 세계가 가능해지길 바라는 감정이자 지향이다. 그러니까 '희망한다'는 '지금 세계'에 무엇이 부재한지 성찰하고 인식할 때 가능하다. 나의 삶에 어떤 의미와 행복감이 없는지 경험하고 그 경험이 '결여'로 느껴질 때, 보다 의미롭고 행복하려면 무엇이 필요한가를 생각하게 되는 것이다. 또한 생각하는 걸로 그치는 게 아니라 결여를 충족할 용기와 결단을 작동시키는 것이다. 개인적인 삶에서도 '희망한다'는 것은 인간으로 존재함의 토대가 된다. 그런데 개인적인 삶뿐인가.

한 개인의 삶은 언제나 이미 그가 속한 사회, 그리고 제도들과 긴밀히 연결되어 있다. 그렇기에 내가 속한 세계에 지금 무엇이 문제이며 보다 '나은 세계'를 만들기 위해 무엇이 필요한가에 대한 성찰이 있어야 비로소 '희망한다'가 가능해진다. 어거스틴, 에마뉘엘 칸트, 에른스트 블로흐, 위르겐 몰트만 등과 같은 사상가들은 이 '희망'을 다양한 측면에서 접근한다. 특히 《희망의 원리(Principle of Hope)》를 쓴 에른스트 블로흐Ernst Bloch는 "희망이란 사회 변화를 일구는 중요한 토대"라고 보았다. 희망은 언제나 미래를 향해 있으며, 지금보다 나은 미래를 꿈꾼다. 그리고 그 미래를 이루는 데 필요한 변화 주체로 필수적이다.

　　　　　모든 존재는 행복할 권리가 있다

나는 '유토피아' 사상에 오래전부터 관심을 가져왔다. '유토피아적 성향(utopian mentality)'을 지닌 사람들은 개인적 삶은 물론, 인류 역사와 문명에 변혁을 가져왔기 때문이다. '존재하지 않은 장소'라는 의미의 '유토피아(u-topia: no-place)'는 '실현 불가능한 망상'이라고 보통 생각한다. 그런데 칼 만하임Karl Mannheim은 유토피아에 새로운 조명을 하면서, 두 종류의 '유토피아'가 있다고 한다. 만하임은 정치 과학에서 다루던 '이데올로기', 그리고 토마스 모어의 《유토피아》라는 작품을 통해 문학에서 논의되던 '유토피아'를 처음으로 한 권의 책에서 논의한다. 그의 책 《이데올로기와 유토피아》는 여러 가지 중요한 통찰을 담고 있다.

만하임은 유토피아가 하나가 아니라, 두 종류가 있다는 중요한 통찰을 우리에게 준다. 첫째는 '절대적으로 실현 불가능한 유토피아(absolutely unrealizable utopia)'이며, 둘째는 '상대적으로 실현 불가능한 유토피아(relatively unrealizable utopia)'다. 우리가 흔히 생각하는 '유토피아'는 '절대적으로 실현 불가능한 유토피아'다. 시대나 정황이 변해도 결코 이루어질 수 없는 것이 바로 절대적으로 실현 불가능한 유토피아다. 우리가 개인의 삶에서, 그리고 사회적 의미로 중요한 것은 '상대적으로 실현 불가능한 유토피아'다.

유토피아적 성향, 즉 '상대적으로 실현 불가능한 유토피아'는 '희망'과 연결되어 있다. 희망은 언제나 '아직 오지 않은 미래'

에 대한 것이며, 유토피아 역시 '아직 오지 않은 세계(the world of not-yet)'에 관한 것이다. 지금은 실현 불가능한 것으로 보이지만, 다른 현실이나 정황에서는 실현 가능한 꿈이 바로 '상대적으로 실현 불가능한 유토피아'다.

　　'지금의 세계'가 결여하고 있는 것에 예민성을 지닌 사람들은 그 '결여'가 무엇인지 느끼고, 경험하고, 성찰한다. 그리고 '지금'보다 나은 삶이나 사회를 어떻게 만들어 갈 것인지 고민하고, 학습하고, 씨름한다. 이러한 일련의 과정은 결국 '희망'과 연결되어 있다.

　　칸트가 씨름해 온 네 가지 질문이 있다. ①우리는 무엇을 알 수 있는가, ②우리는 무엇을 해야만 하는가, ③우리는 무엇을 희망해도 되는가, 그리고 ④인간은 무엇인가. 그런데 세 번째 질문, '우리는 무엇을 희망해도 되는가'를 자세히 보면 흥미롭다. '희망할 수 있는가(For what 'can' I hope)'가 아니라, '희망해도 되는가(For what 'may' I hope)'이다. 희망이란 "할 수 있다" 또는 "할 수 없다"라는 능력이나 의지만의 영역이 아니라는 것이다.

　　'희망한다'는 선언을 할 때 필요한 것이 있다. 내가 희망하는 것이 무엇이며, 어떠한 것인가에 대한 복합적인 성찰이다. 예를 들어 '벼락부자'가 되고 싶다는 허황한 바람, 정치적 권력을 확장하고 싶다는 야욕, 타자의 삶은 물론 모든 것을 딛고 넘어서라도

　　　　　　　모든 존재는 행복할 권리가 있다

자신의 이득을 확대하겠다는 탐욕 같은 것을 '희망'의 범주로 분류할 수는 없다. 그것은 '이기적 망상'일 뿐이다. 누군가를 억압하고 지배하려는 권력 욕망에 '희망'이라는 이름을 붙여서는 안 된다. 타자에게 피해를 주는 비도덕적인 것들이나, 이기적 욕망을 구현하는 시도에 '희망'이란 이름을 붙여서는 안 된다.

자신의 삶을 보다 의미롭고 행복하게 만드는 것, 그리고 함께 살아가는 타자들도 고려하는 '공동선(common good)'을 모색하면서 지금보다 나은 나의 삶과 세계를 향한 바람을 품는 것이 희망이다. 보다 평등하고, 정의롭고, 평화로운 세계의 바람을 가지고 작은 결단을 실행하면서 변화의 주체가 되고자 할 때, 비로소 '희망해도 되는 것'이다.

희망의 반대, 용기의 부재

최근 친구가 보낸 메시지에서 '새로운 희망(New Hope)'이라는 표현을 만났다. 이 메시지를 보며 새로운 희망에 대해 오랜만에 생각했다. 어떻게 개인적·사회적 삶에서 '새로운 희망'을 품고 실현할 수 있을까.

우리는 종종 희망의 반대는 '절망'이라고 생각한다. 그런데 '절망하기'는 참으로 쉽다. 그저 '아무것도 나아질 게 없다'는 절망의 늪에 나를 집어넣고 잠기면 된다. 그러나 희망을 품고 사는 것은 참으로 어렵다. 희망은 용기와 결단력, 그리고 그 결단에 따른 행동을 필요로 하기 때문이다. 단순히 지금보다 나은 세계에 대한 유토피아적 생각만 하는 것을 만하임은 '공상·망상'이라고 한다. 진정한 유토피아적 사유 방식에는, 즉 '새로운 희망'을 가지는 것에는 최소한 다섯 가지가 필요하다고 나는 본다.

첫째, 나의 삶에서 무엇이 결여되어 있으며,
그 결여를 충족시키기 위해 무엇을 해야 하는가에 대한 성찰.
둘째, 성찰의 결과를 구체적인 현실 세계에서
구현하겠다는 용기.
셋째, 용기를 실천하려는 결단력.
넷째, 크고 작은 변화를 이루기 위한 실천으로서의 행동.
다섯째, 변화가 눈에 바로 보이지 않아도
그 희망의 의지를 부여잡는 끈기.

물론 다섯 가지만은 아닐 것이다. 자기 삶의 정황에 따라 우리는 필요한 요소들을 계속 추가하면서 이 '새로운 희망'을 꿈꾸어야 한다. 그 꿈을 실현하기 위해 구체적인 결단과 행동을 하는 '희망의 주체'가 되어가야 할 것이다.

결국 희망의 반대는 절망이 아니다. 희망의 반대는 '용기의 부재'라고 할 수 있다. 절망은 자포자기와 냉소로 이루어진다. 그러나 희망은 '용기'가 없으면 불가능하다. 용기, 결단, 행동이 부재한 채 '희망'을 언급하는 것은 공허한 망상에 지나지 않는다. '용기의 부재'야말로 희망의 반대편에 서 있다. 새로운 삶을 향한 변화에의 용기, 결단에의 용기, 행동에의 용기가 바로 희망에 필요한 토대이며, 이 모든 것이 바로 '존재에의 용기'를 구성하는 것이다.

'희망'이라는 소중한 가치를 어떻게 그 왜곡에서 구해낼 수 있을까. 미래에 대한 '낙관' 또는 '비관'은 '나'가 개입되지 않아도 예측할 수 있다. 낙관은 정보 분석에 의존하기에 객관적 차원을 지닌다. 반면 희망적이 된다는 것은 객관적 정보에 의존하지 않는다. 전적으로 나·우리의 주관적 가치관에 근거하기 때문이다. 그래서 '희망한다'는 선언은 소위 '성공의 보장'에 근거하지 않는다.

낙관과는 다르게 '미래를 희망하는 삶'은 저절로 오지 않는다. 진정한 희망은 '나·우리'의 의도성, 결단력, 그리고 끈질김, 이 세 가지에 토대를 두어야 한다. 외부에서 강요되고 선동되는 '희망', 또는 사유 없이 '모든 것은 잘될 거야'라는 낭만화된 희망은 '값싼 희망' 또한 '공허한 희망'이다. 그러한 것에 '희망'이란 고귀한 가치를 붙여서는 안 된다. 그런데 '사랑'이 자본주의 사회에서 '교환경제'로 왜곡된 것처럼 '희망'도 그렇게 쉽게 흥정된다.

진정한 희망을 부여잡는다는 것은 '지금의 세계'와 '지금의 나', 그리고 '이루어져야 할 세계'와 '이루어져야 할 나'에 대한 지속적 사유가 요청된다. 비판적 사유와 성찰은 '현상 유지'의 문제점을 보게 하고 저항을 끌어내기에, 현상을 유지하려는 권력자들에게 매우 '위험한 행위'가 된다. 한나 아렌트가 "위험한 생각이란 없다, 사유 자체가 위험한 것이다"라고 한 이유다. 아렌트의 이 말은 사유하기가 누구에게, 그리고 무엇에 위험한 것인가를 살펴야 한다고 우리를 초대한다. 전체주의 사회의 정치 지도자일수록 '사유하는 시민'을 위험한 존재로 낙인찍고자 하는 이유다.

두 종류의 희망: 개별성의 희망과 연대의 희망

누구에게나 적용되는 '희망-일반'이란 없다. 크게 보면 두 종류의 희망을 생각해 볼 수 있다. 첫 번째는 고유한 인간, 고유명사로서 내가 바라는 미래의 삶과 세계를 향한 '개별성의 희망(hope of singularity)'이다. 두 번째는 내가 속한 사회, 집단, 공동체에서 '함께' 살고자 하는 세계의 꿈을 나누는 '연대의 희망(hope of solidarity)'이다.

'고유명사로서의 나'가 이루려는 '개별성의 희망', 그리고 내가 속한 사회와 공동체가 이루어야 할 정의, 평등, 자유의 세계를 위한 '연대의 희망'을 모두 품고 살아가야 한다. 지독한 절망감에서 빠져나와 지속적인 의도성과 결단력, 그리고 끈질김을 가지고 '진정한 희망'을 향해 한 걸음을 내디뎌야 하는 것이다. 이것이 하루씩 상기해야 하는 '나의 과제'다.

'절망의 늪'에 빠지는 쉬운 길을 선택하고자 하는 '유혹'과 오늘도 씨름해야 한다. 이러한 '유혹'을 넘어서기 위해 몽상, 공상 또는 망상이 아닌 구체적인 '새로운 희망'을 우선 나 개인의 삶에서 새롭게 구성해야 한다. 그리고 그 개인 속에 품게 된 '나의 새로운 희망'이 '우리의 새로운 희망'으로 확장되어야 하는 것 ─ 이것은 내가 한 고유한 인간으로 존재함의 '필요조건'이라는 생각이 든다. 나 개인의 삶이든 사회적 삶에서든 절망의 '유혹'을 과감히 뿌리치고, 절망적으로 보이는 지금의 나·우리의 세계를 넘어서는 '새로운 희망'의 씨앗을 끄집어내야 한다. 그리고 희망의 씨앗을 가꾸기 위해 작은 것이라도 구체적으로 행동해야 한다.

미국 NBC 방송의 저녁 뉴스 앵커 레스터 홀트Lester Halt는 클로징 멘트로 다음과 같은 말을 한다.

여러분 자신을, 그리고 서로를 돌보십시오.

(Please take care of yourself and each other).

이 멘트는 매우 유명해졌다. 매번 이 말을 하기 때문이다. 이 표현이 그렇게 새로운 것은 아니다. 영어 세계에서 매우 흔하게 주고받는 말이다. 그런데 이 멘트를 들을 때마다 나는 이 말의 중요성을 새삼 상기하게 된다. 자기 돌봄과 타자 돌봄 없이 '희망하는 존재로서의 나'는 불가능하기 때문이다. 그리고 이 단순한 말은 다음 질문을 하도록 이끈다.

나 자신을 돌본다는 것은 무엇인가.
'서로(each other)'를 돌본다고 할 때,
그 '서로'에는 누가 들어가는가.
서로를 '돌본다'는 것은 나의 구체적인 일상 세계에서
무엇을 의미하는가.
나와 서로를 '돌본다는' 것이란 사회적으로, 제도적으로
어떠한 조건들이 있어야 하는가.

희망을 품고 살아간다는 것은 결국 나 자신을 돌보는 것에서부터 시작한다. '나'를 구성하는 몸, 마음, 그리고 정신 세계를 건강하고 풍성하게 만드는 것에서부터 시작한다. 또 '어떻게'를 매번 생각하고, 시도하고, 구성해야 한다.

내가 원하는 삶이 무엇인지 성찰하면서, 그 삶에 대한 '낮꿈'을 꾸고, 그 삶에 대한 희망을 품고, 용기와 결단력을 가지고 단호하게 크고 작은 행동을 시도하는 것이다. 이러한 과정 자체가 바로 희망의 토대다. 이미 만들어진 '희망하는 존재'란 없다. 끊임없이 희망하기를 연습하고 실천하는 '희망하는 존재로 되어가는 것'

모든 존재는 행복할 권리가 있다

일 뿐이다. 우리는 하루마다 "나는 희망한다, 고로 존재한다"는 선언을 자신에게, 그리고 이 세계를 향해 해야 한다.

'아무것도 되는 게 없어'하면서 아무것도 희망하지 않고 '절망의 늪'에 빠지는 것은 매우 쉽다. 그 절망의 '유혹'과 우리는 매번 씨름한다. 이러한 '유혹'을 넘어서기 위해, 몽상이나 망상이 아닌 구체적인 '새로운 희망'을 우선 나 개인의 삶에서 새롭게 구성해야 한다. 그래야만 개인 속에 품게 된 '나의 새로운 희망'이 '우리의 새로운 희망'으로 확장되는 가능성이 열린다.

'희망하는 존재로서의 나'란 고유한 인간으로 존재하기 위한 '필요조건'이라고 나는 생각한다. 개인적 삶에서든 사회적 삶에서든 '절망의 늪'의 유혹을 과감히 뿌리치고 지금의 나·우리의 세계를 넘어서는 새로운 희망의 씨앗을 끄집어내서 가꾸어야 한다. 그러기 위해 우리는 다음과 같은 존재론적 선언을 해야 한다. 이것은 살아있음의 과제이다.

나는 희망한다, 고로 존재한다.
우리는 희망한다, 고로 존재한다. ○

"잊지 않겠습니다",
기억의 정치학

2014년 이후 많은 이가 매년 4월이 되면 '세월호 참사'를 소환한다. 개인이든 집단이든 '4.16 세월호'를 소환할 때, 이미 '명명의 정치학(politics of naming)'과 '기억의 정치학(politics of memory)'이 개입된다. "세월호 사고"라고 명명할 때 그것은 그 누구에게도 아무런 책임 소재가 없다는 것을 의미한다. 그런데 "세월호 참사"라고 할 때 '참사'라는 명명은, 우연한 '사고'가 아니라 피할 수도 있었던 사건이며 그것에 누군가의 책임이 있다는 분명한 해석과 의미를 드러낸다. 2022년 10월 29일 서울 이태원에서 일어났던 사건을 윤석열 정부가 "이태원 참사"라고 하지 않고 "이태원 사고"라고 명명한 이유다. 책임 회피의 전형적인 방식이다.

'기억의 정치학'은 어떤 사회적 사건에 대하여 '누구의 해석과 기억'을 '집단적 기억'으로 만드는가가 지닌 복합적 기능의 작동을 의미한다. 이태원 '참사'를 이태원 '사고'라고 명명하는 이들, 세월호 참사를 '세월호 사고'라고 명명하는 이들은 정치적 권력을 지닌 이들에게 그 어떤 책임도 없다는 사회적 메시지를 보내는 것이다. 단순한 사실의 기록이라고 하는 '객관적 역사 기록'이란 언제나 이 '기억의 정치학'이 작동하고 있음을 보여준다. '정치학'이라는 개념은 다층적 '권력'이 개입되고 있으며, 그 기억을 어떻게 작동시키는가에 따라서 각기 다른 기능을 한다는 것을 드러내는 개념적 장치다. 기억의 정치학은 기존 권력을 정당화할 수도 있고, 그 특정 사건의 '희생자'들의 정체성과 연대를 확장하는 기능을 하기도 한다.

우리가 지속해서 생각해 보아야 하는 것은 다음과 같은 질문들이다.

우리가 "기억한다, 잊지 않겠다"고 할 때, 그 '기억'은 어떻게 나의 일상생활에 기능하는가. 나와 우리의 '기억'은 과거, 현재, 미래에 '참사'가 일어나지 않도록, 그리고 다양한 참사의 희생자들과 연대하는 것에 어떻게 작동하는가. 참사 희생자와 직간접적으로 연관된 이들이라면, 어떻게 '희생자 의식(victim consciousness)' 속에만 매몰되지 않고, 자신과 이 사회에서 어떻게 새로운 '변화의 주체자 의식(agent consciousness)'을 가지고 삶을 이어갈 수 있는가. 무고한 참사의 희생자들이 살고자 했던 세상을 만들기 위해 우리는 어떻게 권력을 가진 이들이 보다 정의롭고 공평하게 그 권력을 행사하도록 지켜보고, 개입해야 하는가.

매년 4월이 되어 세월호를 '기억'하는 행위가 과거 의식의 단순한 반복을 의미하는 것이 되어서는 안 된다. '기억의 낭만화'에서 머무르는 기능을 할 뿐이다. 예를 들어서 '광주', '세월호', 또는 '이태원'이라는 과거를 소환하는 우리의 '기억 예식'은, 단순한 기억의 소환이 아니라, 현재와 미래를 보다 정의롭고, 공평하고, 평등하고, 안전하며 자유로운 세계를 어떻게 만들어 가는가에 대한 이해 지평의 확장이 되어야 한다. 동시에 현재 정치적 권력을 지니고 있는 이들은 그러한 세계를 만들어 가는 데 어떻게 기여하고 있는가, 또는 실패하고 있는가에 대한 엄중하고 비판적인 민주적 개입을 확장하는 예식이 되어야 한다.

'새로운 삶을 향한 용기'가 세월호 참사의 피해자 가족만이 아니라, 살아남은 우리 모두에게 필요하다는 것, 그리고 하루마다 그 용기가 '새롭게' 필요하다는 것을 우리는 상기해야 한다.

다층적 참사, 폭력, 사고가 여전히 끊이지 않는 이 세계에서, 오늘 우리는 '살아남은 자'로서 살아간다. 오늘을 어제의 단순한 반복이 아니라, '새로운 삶을 향한 용기'를 작동시키면서, 참사 피해자들이 살고자 했던 세상을 만들어 가고자 개입하는 삶을 살아야 하리라. ◦

나의 '재산'은 무엇인가

　　　　　　서울은 물론 내가 사는 텍사스 포트워스(Fort Worth)시를 포함해서, 한 도시에서 내가 좋아하는 공간은 미술관이다. 특정한 전시를 보지 않더라도 미술관에 가는 것은 언제나 특별하다. 미술관은 내게 '일상-너머'의 세계를 초대하는 '탈일상성의 공간'이며, 새로운 삶의 가능성을 엿보게 하는 '제3의 공간'이다.

　　　　　　그래서 굳이 전시를 보지 않더라도 시간이 조금이라도 나면 미술관에 즐겨 간다. 동료나 가까운 지인들과 시간을 가질 때 소위 '맛집'이나 유명한 카페가 아니라, 미술관 카페에서 커피를 마시거나 식사한다. 미술관은 일상적 삶에서 눌려 있거나 잊었던 나의 '낮꿈의 세계'를 다시 환기시키고, 새로운 세계에 대한 열정과 갈망을 불러일으키기 때문이다.

미술관을 굉장히 좋아하지만 미술관 전시회에 갈 때마다 마음이 즐거운 것만은 아니다. 예술가, 예술가의 작품, 그리고 둘 사이에 자리 잡은 거대한 자본, 이 3개의 축이 지닌 깊은 딜레마를 피하기 어렵기 때문이다.

2023년 호암 미술관에서 열린 〈김환기 회고전〉에 간 적이 있다. 처음 가 본 호암 미술관 공간 자체는 내 기대가 커서였는지 다소 실망스러웠지만, 미술관 주변의 숲과 나무들은 인간의 건축물보다 훨씬 감동적인 장면을 내게 선사해 주었다.

김환기의 작품은 고가로 유명하다. 한국 화가의 고가 작품 10개 중 이중섭의 〈소〉를 제외한 9개가 김환기의 작품이라고 한다. 최고가 132억 원에 팔렸다는(경매 수수료 포함하면 153억여 원) 김환기의 〈우주〉는 물론 이번 전시에 포함되지 않았다. 거액으로 작품이 거래되는 대부분의 경우가 그렇듯 김환기 자신은 그 거액과는 거의 상관없는 삶을 살다가 죽음을 맞이했다.

그런데 이렇게 '작가-작품-경매가'라는 3개의 축 사이에서 맴도는 예술 작품들에서 우리는 무엇을 느끼고, 경험하고, 그 경험은 '나의 삶'에 어떠한 변화를 가져오는가. 전시회에서 작품을 보기 전과 후, 나의 삶에 어떤 작은 변화라도 일어나는가. 아니면 일시적인 '심미적 엔터테인먼트'에 지나지 않는 것인가. 이런 생각을 하면서 김환기의 작품을 보다가 내 눈을 강렬하게 끄는 것이 있었다. 그의 글이었다.

> 내 재산은 오직 '자신'뿐이었으나 갈수록 막막한 고생이었다.
>
> 이제 '자신'이 똑바로 섰다.
>
> 한눈 팔지 말고 나는 내 일을 밀고 나가자.
>
> 그 길밖에 없다.
>
> 이 순간부터 막막한 생각이 무너지고 진실로 희망에 가득차다.
>
> ─ 1967년 10월 13일, 《김환기 뉴욕일기》에서
>
> (김환기, 환기미술관, 2019년 발행)

김환기가 1913년 4월 3일생이니, 뉴욕에서 이 글을 쓸 당시 그는 만 54세였다.

"내 재산은 오직 '자신'뿐"이라는 것, 이런 인식을 하면서 그는 그 '재산'을 똑바로 세우고 자신의 일을 "밀고 나가자"는 용기와 결단을 한다. "진실로 희망에 가득차다"라는 그의 고백은 '값싼 희망(cheap hope)'이 아닌, '값진 희망(costly hope)'의 선언이다. 우리의 통념으로는 경제적·물적 토대를 가능하게 하는 것들을 '재산'이라고 한다. 그런데 근원적으로 중요한 '재산'은 다름아닌 '나

자신'임을 그는 깨우쳐 준다.

"내 재산은 오직 자신"이라는 절절한 글을 마주하면서, 돌연히 '김환기'라는 이름이 '132억 원'의 작품을 만든 예술가가 아니라, 무수한 삶의 문제들과 씨름한 '인간 김환기'로 내게 다가왔다. 잠 못 이루는 수많은 나날을 견뎌 내면서, 고통과 어려움을 넘어서서, 내면의 갈망과 열정을 뿜어내고자 치열하게 고뇌하는 한 명의 사람으로 다가왔다.

이 글과 마주하고 나니 그의 작품들이 내게 여러 가지 새로운 질문들을 던지는 것 같았다. 내게 다가오는 특정한 책과 음악이 그러하듯, 이러한 작품은 새로운 세계로 나를 연결하는 '다리들(bridges)'이다.

그 무엇보다 중요한 "재산은 오직 '자신'"이라는 치열한 선언, 그 선언을 내 속에 각인시킨다. 그리고 새로운 질문을 품는다. 나에게 중요한 '재산'은 무엇인가. 그 '재산'은 나의 삶을 어떻게 구성하게 하는가. 어떻게 그 '재산'을 지켜내고, 가꾸고, 확장할 것인가. ○

우리 모두는 '생존자'다

내가 페이스북에 한동안 글을 올리지 않으면, 혹시 어디 아픈 건 아닌지 메시지를 보내는 분들이 계신다. 그럴 때면 나는 페이스북에 잘 있다는 '생존 신고' 글을 쓰곤 한다. 어찌 보면 '먼 타자'들일 수 있는 페이스북 친구들이 '가까운 타자'보다 더 친근하게 건네는 이러한 소소한 염려가, 살아감의 온기를 느끼게 한다.

오늘도 나는 여전히 살아가고 있다. 글을 쓰고 있다는 것은 '나는 살아있다'는 선언이기도 하다. 나는 육체적 생명을 이어가기 위해 누구나처럼 음식을 준비하고, 먹고, 청소하고, 빨래하고, 시장을 본다. 또한 글 쓰고, 읽고, 가르치고, 걷고, 학생과 동료들을 만나고, 고민하고, 종종 다층적 딜레마들과 씨름하기도 한다. 그러다 보면 쏟아지는 빗줄기 속에서 간간이 비치는 햇살 같은 순간의 행복감을 느끼기도 하고, 인간과 사회에 대하여 극도로 절망하기도 하고, 또한 그 인간의 모습에서 가까스로 희망을 찾아내기도 하고, 따스함을 확인하기도 하면서, 여전히 '하루씩' 살아내고 있다.

그런데 나뿐이겠는가. "우리 모두는 '생존자(survivors)'다." 나의 사유 세계에서 가장 가깝게 느끼는 자크 데리다의 이 말을 나는 매일 상기하곤 한다. 우리 각자가 살아가는 정황은 참으로 다르다. 그러나 각각의 정황에서 우리는 저마다의 색채를 가지고 살아남은 '생존자'들이다. 거창한 종교적, 정치적, 또는 이념적 신념이 우리 인간의 구체적 삶을 '구원'해 준 적은 없다.

노벨상 수상자인 사뮈엘 베케트Samuel Barclay Beckett의 희곡 〈고도를 기다리며〉는 인간이 외적 '구원자'를 끝도 없이 기다리는 부조리와 무의미함을 섬세하게 보여준다. 그러한 '외적 구원'이 가능하다고 믿으면서 결코 오지 않는 '고도(Godot)'를 하염없이 기다리는 것이다. 그런데 그러다 보면 삶은 '거대한 오류(great fallacy)'에 빠져 버리고 만다. 이 유한한 삶의 지독한 낭비다. 베케트는 '고도'가 신인지, 혁명인지, 국가인지 등 어떤 존재인지 명료하게 밝히지는 않았다. 읽는 사람이 다양한 해석을 할 가능성을 열어둔 것이다.

대다수 사람들의 삶, 그리고 우리가 살아가는 이 세계는 즐

겹고 행복하고 편안한 일보다 착잡하고 절망적인 사건들이 가득하다. 물론 '나의 삶은 행복하다'라고 자신 있게 선언하고 싶은 사람도 있을 것이다. 다만 '무엇이 나를 행복하게 만드는가', '행복이란 무엇인가'에 대한 이해와 해석은 각자의 가치관이나 인생관에 따라 다르다. 인간의 유한한 삶에서, 최소한의 의미와 행복을 경험하고 느끼고 살아가는 삶의 모습이란 내게 과연 무엇인가.

어쩌면 이런 물음은 너무 복잡해서 쉽게 해답이 나오는 것은 아니다. 다람쥐 쳇바퀴 도는 삶을 아무런 저항 없이 받아들이는 것만이 최선이라고 생각한다면, 한 가지 방법이 있다. 질문하지 않는 삶, 사유하지 않는 삶을 살면 된다. 무사유의 삶이야말로 '생존기계(living machine)'로 달력 속 시간을 메꾸며 살아가는 가장 편한 방식일 것이다. 그러나 이 무사유의 삶이야말로 가장 경계해야 하는지 모른다. 자신의 삶을 낭비하는 것은 물론이고, 의도와 상관없이 자신과 연결된 타자의 삶에 어두운 파괴적 그림자를 드리우기 때문이다. 한나 아렌트가 '악이란 비판적 사유의 부재'라고 한 이유다.

'베드로'라는 사람이 있다. 그는 온 마음을 바쳐서 예수와 함께하겠다며 3년이라는 긴 시간을 나누었다. 모든 것을 뒤로하고 예수와 여정을 걷겠다며 그토록 강렬한 신뢰와 헌신을 보이던 베드로는, 정작 예수가 곤경에 빠지자 "나는 저 사람(예수)을 모른다"

고 선언한다. 3년여 동고동락하던 예수와의 친밀한 관계를 전적으로 부인한 것이다.

사실 이런 모습은 '베드로'라는 특정 인물에 관한 이야기만은 아니다. 우리 주변에서 무수히 만날 수 있는 인간의 모습이기도 하다. 그 베드로는 '나'가 될 수도 있고, 내가 깊은 신뢰했던 나의 친구, 배우자, 가족, 연인, 또는 동료일 수도 있다. 결국 그 '베드로성'이란 자기 삶에 근원적 소중함과 의미를 지켜내지 못한 사람 속에 있다. 비겁함, 소심함, 용기 없음, 또는 눈앞에 보이는 자기 이득에 먼저 우선순위를 두느라, 다수의 사람은 행복을 주는 관계를 배반하고 포기한다. 인간에게 가장 깊은 절망감을 안겨주는 것은, 바로 이러한 가까운 '타자'의 베드로성을 목도하고 경험할 때인지도 모른다.

'베드로성'의 경험은 인간에게 깊은 실존적 절망감을 맛보게 한다. 이런 맥락에서 보자면 '이룰 수 없는 관계·사랑'이란 없다. '포기하는 관계·사랑'만이 있을 뿐이다. 소중한 관계, 소중한 우정, 또는 소중한 사랑을 지켜내는 것에 가장 중요한 토대가 되는 것은 바로 용기와 결단이다.

세계 도처에 하루의 생존을 위해 절규하는 이들이 있다. 최소한의 보호막도 없이 절규하는 난민들도 있다. 권력욕에 사로잡힌 사법권 때문에 참으로 부당하고 억울하게 수감자로 사는 이들이 21세기 한국에 여전히 존재하고 있다. 정치판에서는 우리 삶의 에너지를 낭비하게 하고 파괴하는 일들이 수없이 벌어진다. 그뿐인가. 외적 세계에서 벌어지는 사건과 직접적인 관계가 없어도 극도의 내면적 위기로 절망감, 딜레마, 고뇌, 착잡함으로 허우적거리는 이들이 있다. 육체적 생존이든, 정신적 생존이든 우리 각자는 이 늪을 넘어서서 '생존'해야 하는 '생존자'들이다.

'사치한 고민'이란 없다. 물질적·육체적 생존만이 아니라, 정신적 생존도 우리의 삶에는 필수적 요소이다. 인간이 살아가기 위해서 반드시 '밥'이 필요하다. 그러나 '밥'은 동물성만이 아니라, 인간성을 지닌 인간 삶을 구성하는 필요조건일 뿐, 충분조건은 아니다.

종교와 철학은 생물학적 죽음을 마주하는 인간에게 가장 근원적인 문제가 되는 것은 정신적 죽음이라고 말한다. 그래서 예수는 "빵만으로의 죽음(death by bread alone)"을 경고하면서, 끊임없이 "새로 태어남(being born again)"에 대하여 역설한다. 이 끊임없는 '탄생성(natality)'이야말로 생물학적 생존을 넘어 정신적 생존, 존재의 살아남음을 가능하게 하는 것이다. 아침에 눈을 떠서 생물학적 살아있음을 확인하자마자, 정신적 살아남음은 커다란 이 삶의 '과제'로 다가온다. 생물학적 살아남음은 우리의 통제 너머에 있는 '우연'이지만, 정신적 살아남음은 끈기와 용기를 가져야만 이루어

낼 수 있는 '과제'이다. '존재에의 용기'는 바로 이 점에서 우리 모두에게 '과제'로 다가온다. 존재함이란 우연이 아니라, 용기를 필요로 하는 것이다.

우연의 방점에서 우리는 친구를 만나기도 하고, 연인을 만나기도 한다. 그러나 그 '우연적 만남'이 살아남아 '필연적 만남'이라는 풍성한 의미를 품게 되는 것은, 자동적으로 주어지지 않는다. 이 삶을 의미롭게 구성하고자 하는 부단한 용기와 끈기, 그리고 이 삶의 유의미성, 우정, 그리고 사랑에의 열정으로 가능하게 될 것이다. 그래서 생물학적 생명의 살아남음만이 아니라, 사랑의 관계의 살아남음, 그리고 삶의 의미성의 살아남음은 오늘도 떠오르는 태양처럼 우리에게 엄중한 과제로 떠오르고 있다.

"빵만으로의 죽음"이라는 표현은 바로 인간을 인간이게 하는 것은 '육체적·물질적 생존'만이 아니라 의미, 진정한 관계와 사랑에 대한 갈망과 배고픔을 충족시키고자 하는 '정신적·존재론적 생존'이라는 것임을 간결하게 드러낸다. 우리 모두는 절망과 좌절의 늪, 배반과 비겁함의 늪, 무의미와 좌절의 늪에서 벗어나 생존해야 한다.

이렇게 오늘도 살아남아 있는 우리 모두는 '생존자들'이다. 하루씩, 매일, 치열하게 생존하시라.

건강한 육체를 지켜나가기 위해 치열하게 애쓰고,

건강한 마음과 정신의 생존을 위해,

절망감의 늪을 넘어서서

크고 작은 의미와 행복감을 확장하시라.

육체적 생존이든 정신적 생존이든,

여러 모습의 다층적 생존은

우리의 삶에 부여된 엄숙한 과제다. ◦

의미로운 삶의 조건,
치열성과 자유

'행복한 삶' 또는 '의미로운 삶'을 일구는 데 필요한 것은 무엇일까.

니체는 두 가지 조건이 있다고 했다. 치열성과 자유. 이 두 개념은 복합적이고 심오한 차원의 세계를 담고 있다. 많은 기독교회가 인간이 작동시켜야 할 치열성과 자유를 가로막는다. 반복되는 예식으로 인간 삶을 화석화하고, 감정과 사유를 억누르는 레토릭으로 부자유를, 치열성이 아닌 상투적 반복성으로 사람들의 존재방식을 고착화한다.

신학대학원 교수로서 나는 니체의 저작들을 학생들과 함께 읽는다. 그 이유는 기독교의 '지독한 병'을 짚어내는 지도자가 되길 희망하기 때문이다. 아마 한국에서 보면 이렇게 이런 '불경스러운' 책을 학생들과 읽는가 하고 의아해할지도 모른다. 그런데 나는 니체의 기독교 비판이 기독교나 종교가 지닌 심각한 문제점을 인식하게 하는 데 매우 중요한 통찰을 준다고 본다. 또 니체의 부친은 목사였으며, 모친은 니체도 목사가 되길 바라 니체 자신도 본 (Bonn)대학교에서 신학을 공부하기도 했다. 잔니 바티모Gianni Vattimo 같은 철학자는 니체에게서 기독교의 새로운 존재방식을 창출할 가능성을 보기도 한다.

21세기 기독교회에는 비판적 성찰을 하는 지도자들이 필요하다. 그들을 통해 새로운 방식의 종교, 새로운 방식의 기독교가 형성되는 가능성의 빛줄기가 조금이라고 비칠 수 있기 때문이다. 그렇지 않다면 기독교회는 점점 더 거대한 '종교 기업'으로 자리매김하게 될 것이다. 또 거기 속한 사람들은 종교적 부속품으로 만드는 생산라인 이상이 될 수 없다.

인간은 '구원'에 관심한다. 개인적으로 '구원'이라는 개념을 사용하든 하지 않든, 모든 인간은 좋은 삶, 행복한 삶, 의미로운 삶을 원한다. 뤼크 페리Luc Ferry라는 프랑스 철학자는 철학은 "신 없는 구원"을, 종교(기독교)는 "신 있는 구원"을 모색하는 것으로 구분하기도 한다. 물론 '구원'이란 개념은 기독교적 언어이다. 그러나 철학이 추구하는 의미로운 삶, 행복한 삶이란 결국 인간의 '구원'에 관한 것이기 때문에, 페리는 이 개념을 차용하여 철학과 종교의 차이를 간결하게 규정하는 것이다.

일요일이면 세계 곳곳에서 '구원'을 위해 교회로 향한다. 인간은 지극히 유한한 삶을 살아야 한다는 육체적 한계성과 죽음성(mortality)에 대한 인식은 두려움을 가져온다. 한국의 기독교인들이 빈번히 사용하는 '예수 천당, 불신 지옥'이라는 종교적 모토는 정치적 프로파간다와 닮았다. 인간이 지닌 죽음성에 대한 '두려움'을 자극하면서, 그 두려움을 넘어서는 해결점으로 기독교에 소속하는 것을 제시한다.

그런데 '예수 천당, 불신 지옥'이라는 맹목적 구호에 선동되는 이들은 과연 '천당'이란 무엇이며, '지옥'이란 무엇인가, 라는 근원적인 뿌리 질문은 하지 않는다. 무조건 '예'와 '아멘'을 해야 신앙이 좋은 것이라고 세뇌받기 때문이다. 이러한 정형화된 '구원 제시'에 의해 다수의 사람들은 '교회 다닌다'는 행위가 진정 자신의 삶을 '의미롭게 만드는가'라는 근원적 물음을 묻지 않는다. 기독교가 마련해 온 몇 가지 서사를 자신 속에 각인시키고 '종교적 부속품'으로 생활하기 때문이다.

종교적 부속품이란, 외부에서 주어진 교리적 서사를 매뉴얼처럼 아무런 성찰 없이, 그냥 받아들이는 것이다. 습관적인 종교 프로그램 속에 자신을 침잠시키는 기능을 하는 것을 의미한다. 교리적 매뉴얼에 따라 행동하고 살아가는 존재 방식은, 종교적 부속품으로서의 삶일 뿐이다. 내 삶의 구원자로 믿는다는 예수와 전혀 상관없는 삶을 많은 교회가 가르치고 있다. 예수와 제도화된 기독교 사이의 거리는 점점 더 벌어지고 있으며, 그 속에서 소속된 사람들은 자기 삶의 주인으로서 주체성을 상실한다. 예수의 이름을 끊임없이 호명하면서, 교회는 사람들을 단지 그 교회 자체의 유지를 위한 도구로 만들고 있다.

예수의 등장은 '하늘의 초월적 존재로서의 신'이 육체를 지닌 '땅 위의 인간 존재로서의 예수'라는 혁명적 이해에서부터 시작된다. 신이 인간이 되었다는 '성육한 신' 이해는 전통적인 신 이해와는 근본적으로 다르다. 신이 육화했다는 것은 인간에게 무엇이 의미롭고 행복한 삶인가를 다시 묻게 한다. 인간은 자기 삶의 주체자로서 유의미한 삶을 실현하기 위해 스스로 질문하는 존재여야 한다. 하지만 교회는 이 가르침을 외면하고 왜곡한다. 교리들을 재생산하는 여러 가지 예식과 프로그램을 통해 교인들은 수동적인 종교적 부속품으로 고착되고 만다.

서구 문명에 결정적인 역할을 한 기독교, 그리고 서구가 이미 인류 보편의 문화를 형성하고 있는 이 현대 사회의 구조를 보면, 니체의 기독교 비판은 외면해서는 안 되는 중요한 통찰을 제시한다.

인간 삶을 풍성하게 만들어야 할 종교가 오히려 삶을 왜곡시키고 억누르는 문제점들을 생산하고 재생산하고 있다. 자유가 아닌 부자유를, 치열성이 아닌 상투성을 강요하는 종교적 삶은 "두려움과 떨림으로 끊임없이 자신의 구원을 이루어 가십시오(work out your own salvation with fear and trembling)"라는 바울(빌립보서 2:12)의 중요한 메시지, 그리고 "사랑하지 않는 사람은 그 누구든, 신을 알지 못합니다"라는 요한(요한1서 4:8)의 메시지와 정반대에 서 있다.

교수회의 중에 '켄'이라는 학생의 죽음을 알게 되었다. 그는 1949년생이며 철학 박사과정 학생이다. 그의 나이가 박사과정을 하기에는 너무 많은 것이 아닌가 하는 생각할 수도 있다. 그런데 내가 가르치는 대학원에서는 60세 후반에도 석사나 박사과정에 입학하는 학생들이 있곤 하니 그렇게 '별난' 뉴스가 될 정도는 아니다.

나의 눈길을 끈 것은 그 사람이 살아온 방식이다. 켄의 이력은 니체가 말하는 치열성과 자유의 삶을 생각하게 한다. 물론 '좋은 삶, 행복한 삶, 의미로운 삶'은 과연 무엇이며, 어떻게 규정하는가는 어떠한 기준으로 또는 누가 판단하는가에 따라 다를 것이다. 그런데 켄의 삶에서 치열성과 자유를 어떻게 작동시키는가의 한 방식을 엿볼 수는 있다.

켄은 70년대부터 의사로 일했다. 의사였던 부친을 따라 의사가 되어 암 전문센터에서 일했다고 한다. 그의 집안은 루터교이며 켄도 루터교인으로 평생을 살아왔다. 그런데 그는 치유라는 것은 육체만이 아니라 마음과 정신이 개입되는 매우 복합적인 과정이라는 것을 늘 생각했다고 한다. 그의 이러한 철학을 담은 통증치료에 대한 논문은 세계 곳곳의 의사들에게 인용되었다고 한다. 이러한 생각 때문에 켄은 60세에 신학대학에 입학했고, 신학 석사과정을 마친 후 철학 박사과정을 하기 위해 내가 일하는 대학원에 입학한 것이다. 그는 박사논문으로 종교사를 통해 소외된 공동체의 치유 문제에 관하여 연구하려 했다. 암으로 수업을 중단해야 했지만, 그는 암 치료를 받는 중에도 학교에 나와 열심히 참석하며 공부하는 것을 즐겼다.

켄의 이력을 보면 참으로 흥미롭다. 의과 대학생이었을 때는 휴학을 하고 항공사 승무원으로 취업하는데 당시 그 항공사에서 최초의 남성 승무원 네 명 중 하나였다고 한다. 휴학까지 하고 승무원으로 취업한 이유는 세계 곳곳을 경험하고 싶어서였단다. 승무원이 되면 여행 경비를 따로 마련하지 않아도 여행할 수 있으니 좋은 기회였을 것이다. 그는 새로운 곳에서 언어를 배우며 40여 개국을 여행했다. 의사가 된 후로는 일요일이면 교회에서 피아노나 오르간 반주를 했고 의사로서 필요한 강연을 다니는 등 다양한 활동을 하며 살았다.

켄은 54세가 되던 해 동성애자임을 밝히게 된다. 결혼해서 아이도 낳고 살던 그는 '진정한 사랑'을 경험하게 된다. 그 사랑의 대상은 같은 젠더, 즉 남성이었다. 그는 자신이 만난 사랑을 지켜내기 위해 또 다른 모험을 단행한다. 매튜라는 사람과 만나 동반자로 살아오면서 9년 후, 즉 63세에 동성과 법적 결혼도 했다. 교회, 가족, 사회적 위치 등을 생각하면 '감히' 할 수 없는 일을 그는 용기 있게 결단한 것이다.

　의사로 편안하게 살다가 신학으로 석사를 하고 박사과정까지 한 사람, 뒤늦게 만난 사랑을 위해 안전하고 전통적인 가족 테두리를 벗어난 사람, 동성인 남성과의 사랑을 현실 세계 속에 뿌리내린 사람. 켄은 얼마나 많은 비난과 조롱을 감수해야 했을까. 그는 옳고 그름의 잣대를 들이대는 수많은 시선에도 아랑곳하지 않고 '삶의 주인'으로 스스로 방향을 선택하고 굳건하게 살아갔다.

　물론 켄의 선택에 대하여 다양한 시각이 있을 수 있다. 그의 선택이 '이기적' 행위이고, 그의 성정체성을 '기이한 것'으로 비난할 수 있다. 내가 켄과 직접 이런 대화를 나눈 적은 없다. 그러나 나의 다른 성소수자 학생들과의 다양한 대화를 통해서 유추해 볼 때, 그는 이미 이러한 비난을 무수하게 감내하며 지내왔을 것이다.

　얼마나 많은 이가 매 순간 스스로에게 정직한 선택을 할 수 있을까. 사회적 관습, 종교적 타부, 타인의 비난에 대한 염려가 감옥으로 기능하는 삶 안에서 대부분 사람이 갇혀 살고 있다. 그런데 켄은 그러한 부자유의 감옥으로부터 과감히 벗어나 자신에게 정직한 삶, 자유로운 삶을 택한다. 자기 삶의 여정에서 매번 내리는 선택들, 자신의 삶을 대충 살아가거나 상투적으로 살아가는 것이 아닌 '치열하고 강렬한 삶'을 전개하는 선택들을 해나간 것이다.

'좋은 삶, 행복한 삶, 의미로운 삶'을 정의할 때 가장 중요한 것은 무엇일까? '내 삶의 주인은 나'라는 인식이다. 나 아닌 외부의 어떤 요인이 나에게 의미나 행복을 가져다 주는 것은 아니라는 것이다. 자신이 삶의 주인이 되어 자유롭게 결단하고, 그 결단에 따른 선택을 하고 행동하며 살아가는 삶이야말로 니체가 말하는 '치열성과 자유의 삶'일 것이다. 종교, 관습, 타자의 시선의 감옥에 갇힌 부자유의 삶이 아니라, 내 삶의 주체자로서 자신에게 가장 소중하고 의미로운 길을 찾아내는 것 말이다.

누구나 켄처럼 역동적인 선택을 하면서 살아가야 하는 것은 아니다. 그런데 관습, 종교, 교육, 주변의 시선 등으로 우리는 한 번뿐인 삶을 얼마나 낭비하고 있는가. 전통과 타부의 감옥에서 벗어나 내 삶의 주인으로 자유를 만끽하고, 삶을 강렬하게 꽃피웠던 켄, 그는 왜 니체가 치열성과 자유가 '좋은 삶, 행복한 삶, 의미로운 삶'을 살아가는 데 필요한 조건인가를 보여준다. ∘

보다 나은 세상을 위해서:
홀로-함께

　　　　　　　　　　　　　　우리가 사는 세계 곳곳에는 자신의 이득을 위해서가 아니라, 정의와 평화 그리고 평등에 작은 변화라도 만들기 위해 일하는 이들이 많다. 보다 정의롭고 평등한 세계를 만들기 위해 사회 귀퉁이에서 일하는 이들은 어떻게 연결되어 있을까. 단순히 생각해 보면 이들은 모두 서로를 지지하고 격려하며 '같은 편'으로 살아갈 것 같다. 그런데 현실 세계에서는 종종 예상하지 못하는 일들이 벌어지고 있다. 변화를 위해 일하는 사람들이 서로 격려하는 게 아니라, 각자 하는 일의 의미를 충분히 이해하지 못해서, 또는 조금 입장이 달라서 '적'으로 모는 일이 벌어지곤 한다. 서로의 일을 폄하하고 비난하는 것이다. 안타깝지만 이런 일들은 도처에서 일어난다.

우리가 살아가는 이 세계는 다양한 얼굴의 억압과 차별의 문제가 있다. 대표적으로 성 차별, 인종 차별, 계층 차별, 장애 차별, 성적(sexual) 차별, 나이 차별, 종교 차별, 언어 차별, 외모 차별 등 차별의 리스트는 점점 늘어간다. 그래서 21세기의 인권의 적용 범주와 이해는 16~17세기, 또는 18~19세기의 인권 이해와 매우 다르다.

한 종류의 차별 문제에 예민성이 있다고 해서, 다른 문제에도 자동적으로 그 인지와 예민성이 발휘되지는 않는다. 지속적으로 다층적 이론을 학습해야 하는 이유다. 각자가 인식 확장을 위해 지속적으로 노력하지 않으면, 다른 문제에 무지하기 쉽다. 자신의 생각만이 옳다는 절대화의 우를 범하기 쉽기 때문이다.

한 인간은 전적으로 '성인'이거나 또는 전적으로 '악마'는 아니다. 서구 사상사의 인간 이해를 들여다보면 계몽주의 시대처럼 인간에 대한 매우 낙관적 이해가 지배하던 때도 있고, 세계대전 후처럼 고도의 비관적인 이해가 지배하던 때도 있었다. 그런데 한 인간이란 이 두 가지 측면을 모두 품고 있다.

같은 사람이라도 어떤 정황에서는 인간의 밝은 면을 드러내고, 또 다른 정황에서는 어두운 면을 드러낸다. 인간에 대한 이런 복합적 이해가 없다면 사회변혁운동 현장에서도 어느 사회학자가 지적한 "오늘의 열광자가 내일의 압제자가 되는" 일을 보게 된다. 어떠한 억압이나 차별의 문제를 마주할 때는 성급히 결론을 내리기 전에 지난한 인내심을 작동시키면서 복합적 방식으로 조명해야 한다. 그렇게 잠정적 결론에 이르러야 한다. 그렇지 않으면 하나의 측면을 전체로 부각시키면서 한 사람을 '순결한 피억압자·피해자' 또는 '구제 불능의 악마적 억압자·가해자'로 만들어 버리는 오류를 범하게 된다.

마틴 루서 킹은 인종 차별 극복 운동에서 중요한 인물이다. 그렇다고 해서 그가 흠결이 하나도 없는 '성인'인 것은 아니다. 이 단순한 진리를 외면해서는 안 된다. 인종적 평등을 위한 그의 업적을 소중하게 여긴다고 해서, 역사적 사료들을 통해 밝혀진 그의 성 혐오나 성 차별적 언행들까지 미화해서는 안 된다. 거꾸로 그의 성 차별적 언행들이 밝혀졌다고 해서, 그가 남긴 중요한 유산을 모두 무화시켜서도 안 된다.

세계평화를 향한 프로젝트로서 칸트의 '코즈모폴리턴 권리 개념'은 중요하다. 이 개념은 21세기 국가적 경계를 넘어 모든 인간의 권리를 확장하는 정치적·도덕적 인식에 커다란 의미를 가진다. 하지만 칸트가 지녔던 여성혐오나 백인 우월적 인종 이해를 덮어두어서는 안 된다. 소중한 업적은 업적으로 그 유산을 지켜내고, 오류는 오류대로 비판하고 받아들일 수 있어야 한다. 그것이 바로 성숙한 시민 사회가 보다 나은 세계로 향하는 과정에서 지녀야 할 태도다.

보다 나은 세상을 만들려는 이들이 지켜야 할 네 가지 시선
이 있다.

첫째, 서로 다른 입장과 해석을 성찰해야 하며, 각자의 해석
을 이해하기 위해 인내심을 가지고 기다려야 한다.

둘째, 변화를 모색하는 운동과 실천에서는 무엇보다 '인간
이란 어떤 존재인가'에 대한 복합적 이해가 필요하다. 이 이해가
없으면 인간을 흑과 백으로 나눔으로써 인간이 지닌 다층적 측면
을 간과하게 되고, 결과적으로 또 다른 억압과 배제의 장치로 변모
할 수 있다. 이 인식을 확장해야 한다.

셋째, 다양한 얼굴의 차별 문제, 그리고 현대 사회가 직면하
고 있는 문제를 지속적으로 학습해야 한다.

넷째, 이론, 운동, 종교, 철학 모두 궁극적으로 지향하는 것
은 타자에 대한 적대심 발현이 아니다. 인간에 대한 따스한 시선을
품고 '함께 살아감'이라는 연민(compassion)의 실천임을 기억해야
한다.

서로의 입장과 관점이 조금 다르다고 해도, 그 다름을 적대
화하는 것으로 사용하지 말아야 한다. 오히려 자신의 인식의 사각
지대를 인식하면서 보다 나은 사회를 향해 각기 다른 방식으로 개

입하는 '동지'라는 '연대의 원(circle of solidarity)'을 서서히 확장해야 한다.

관점과 해석의 '같음'만은 공유하는 '동질성의 연대(solidarity of sameness)'가 아니라, 다름도 인내심 있게 서로 경청하면서 그 다름을 적대가 아닌 개방과 긍정으로 받아들이는 '다름의 연대(solidarity of alterity)'가 되도록 노력해야 한다. 그렇지 않을 때 불필요한 삶의 에너지를 낭비하게 되며, 결국 한 개별인이든 집단이든 보다 나은 사회를 향한 변화의 궁극적 지향점을 상실하게 된다. 이 일이 결코 쉬운 것은 아니다. 하지만 다름의 연대를 맺으려 부단히 연습할 때 인간에 대한 따스한 연민의 시선을 상실하지 않으면서 차별과 배제에 대한 성찰적 비판이 가능하다. 그리고 변혁에의 요청이 함께하는 연대가 가능하다.

나의 삶을 의미롭고 풍성하게 하는 것은, 내가 사는 세상이 보다 나은 세상이 되는 것이다. 나의 삶은 너의 삶과 분리해 존재할 수 없다. 결국 나와 너는 연결되어서 살아가는 것이기 때문이다. ◦

내가 만드는 선택들이
바로 나

한국 체류 중 일주일을 꼬박 몸살을 앓았다. 여러 일들이 빼곡했는데 다행히도 공식 일정이 모두 끝난 후 아프기 시작해서 몇 가지 개인 약속만을 변경하면 되었다. 예상치 않았던 '홀로의 시공간'을 보내며 여러 가지 생각과 마주하게 되었다. 나의 의지나 예상과는 상관없이 벌어진 그 통제-너머의 상황 속에 던져진 것이다. 이 '타의적 망명'은, 내게 살아감이 무엇인지 소중한 것들을 상기하게 하는 의식 과정이었다.

이 기간에 나의 한 동료-친구는 중요한 연구 프로젝트에 문제가 생겨서 일하던 연구소가 조만간 문을 닫아야 할지도 모르는 위기 상황을 맞았다. 나는 이 마음 아픈 소식을 듣고서 우연히 접하게 된 칼 융Carl Jung의 말을 그 친구에게 보냈다.

모든 존재는 행복할 권리가 있다

나에게 일어난 사건이 나를 규정하는 것이 아니다.

나를 규정하는 것은 바로 내가 만들어 가는 그 선택이다.

(I am not what happened to me. I am what I choose to become.)

대부분의 우리는 일어난 사건들을 통해 자신을 규정하곤 한다. 긍정적 사건이든 부정적 사건이든 스스로에게 대입하기 쉬운데 특히 부정적 사건으로 자신을 규정하려 들 때 조심해야 한다. 관계에서의 갈등이나 이별, 가까운 이의 죽음, 나 또는 주변 사람의 질병, 직장이나 사업에서의 어려움 등 대부분 통제-너머에 있는 사건들로 자기 정체성을 규정하기 쉽기 때문이다. 이런 일들이 벌어지는 게 마치 내가 문제가 있어서라는 자기 의심과 자기 동정의 덫에 갇혀버리면 자칫 모든 것을 비관적이고 냉소적으로 볼 수 있다. 그러다 보면 더는 이 살아감에 개입하고 싶지 않다는 더 큰 질병에 걸리기 쉽다.

숙소에서 '타의적 망명'을 하던 나는 친구에게 이 구절을 보내며 동시에 나 자신에게도 보내는 것 같다는 생각이 들었다. 외부에서 벌어진 원치 않은 사건들을 마주할 때, 비탄과 자기 동정 속에서 빠지기는 얼마나 쉬운가. 그렇기에 오히려 그 벌어진 상황에서 나는 '어떠한 선택'을 하는지가 참으로 중요하다.

우리가 매번 새롭게 상기해야 하는 것이 있다. 나에게 어떤 일이 벌어지든 매 순간 이 살아있음의 엄숙한 과제를 어깨에 짊어지면서, 동시에 내게 일어난 문제를 보는 '나의 관점'을 새롭게 구성해야 한다는 것이다. 그리고 이 살아있음의 축제성을 상실하지 말고 그 축제성을 더욱 치열하게 지켜내고 확장하는 선택들을 해야 한다는 것이다.

이것은 우리를 향한 존재론적 '정언명령'과 같은 것이다. 내게 일어난 문제들이 다 없어지고 해결되어서가 아니라, 그 '문제들에도 불구하고' 또한 그 '문제들 한가운데서' 각자에게 주어진 삶을 소중히 생각하고 크고 작은 선택을 해나가야 하기 때문이다. 그것이 바로 '나는 누구인가'의 가장 중요한 존재론적 토대가 될 것이다.

내 의도나 예상에서 벗어난 일들이 나를 규정하는 것은 결코 아니다. 가장 중요한 것은 그 일들 한가운데서 내가 어떤 선택을 하고, 어떤 가능성을 모색하고, 어떠한 삶을 추구하고, 어떠한 길을 찾을 것인가. 이러한 선택들이 바로 나를 규정하는 것이다. '길'이란 찾는 것이라기보다 '만들어 가는 것'이다. 누군가 나를 위해 만들어 놓은 길이란 없다. 그 길은 오로지 내가, 치열성과 용기를 가지고 창출해 가는 것(invent)이다.

이 글을 읽는 독자께, 나의 삶에서 함께하는 동료-인간들께, 그리고 늘 나와 동행하는 나 자신에게 '미소의 편지'를 전한다. 매일을 새로운 날로 만들어 가는 연습을 하시기를, 우리 삶에 벌어지고 있는 다양한 문제들 한가운데서.

편지로 부칠 수 없는

눈물, 미소, 웃음, 즐거움, 기쁨을 누리고 나누길,

크고 작은 새로운 '길'들을 만들어 가기를,

우리 각자의 고유한 내면 세계 속에서

매일을 새롭게 창출하기를. ◦

모든 존재는 행복할 권리가 있다

초판 1쇄 발행   2025년 6월 2일

지은이   강남순

펴낸곳   (주)행성비
펴낸이   임태주

책임편집   이유희
디자인   페이퍼컷 장상호
마케팅   배새나

출판등록번호   제2010-000208호
주소   경기도 김포시 김포한강10로 133번길 107, 710호
대표전화   031-8071-5913
팩스   0505-115-5917
이메일   hangseongb@naver.com
홈페이지   www.planetb.co.kr

ISBN 979-11-6471-300-4 03100

행성B는 독자 여러분의 참신한 기획 아이디어와 독창적인 원고를 기다리고 있습니다.
hangseongb@naver.com으로 보내 주시면 소중하게 검토하겠습니다.